时刻关注

二战经典战役纪实

突袭苏联

THE ASSAULT ON SOVIET UNION

二战经典战役编委会·编译

中国铁道出版社有限公司

CHINA RAILWAY PUBLISHING HOUSE CO., LTD.

前 言 | 突袭苏联

The Assault on Soviet Union

　　1939 年至 1941 年，当法西斯德国的钢铁军队横扫欧洲大陆时，苏联这个东方的巨人正在默默地进行着战争的准备。然而苏联顾虑远东日本的威胁，不愿意过早地卷入战争。德国在实现侵略野心的蓝图上，选择波兰作为最初的目标，其后就是通过闪电般的大规模袭击，一举摧毁法国，再乘胜追击，横扫整个欧洲，甚至打通英吉利海峡。要实现这一冒险计划，就必须稳定自己的后方，使苏联不会加入战局，并能向德国提供开动战争机器所必需的能源和物资。就这样，德国和苏联这两个原本不共戴天之敌为了共同的利益达成了暂时的友好妥协。1939 年《苏德互不侵犯条约》的签订，是国际外交史上最为复杂、也最富戏剧性的事件之一，这个外交场上的"双赢"，既为德国法西斯发动侵略战争提供了保障，也为苏联的反法西斯战争争取了宝贵的战争准备时间。但希特勒却是一个根本无法与之做交易的人，何况这个阴谋家时刻没有忘记他进军东方的"理想"。因此，虽然斯大林作出了当时看来唯一明智的选择，却还是没能改变历史的进程。

　　1940 年，当希特勒的跨海征英的"海狮"计划遭到挫折后，他又将目光重新对准了东方。经过一年多秘密而详尽的准备，入侵苏联的"巴巴罗萨"计划，终于由一纸方案变成了几百万军队的庞大行动。

　　1941 年 6 月 22 日，当 300 万德国军队从 1500 公里的战线上发起突然袭击时，苏联部队几乎毫无准备，大量指战员在睡梦中就牺牲了。德军的突然行动给了一直执迷不悟的苏联最高统帅斯大林当头一棒，以至他在之后很长一段时间内都不能恢复冷静清醒的判断。这种突然袭击也使苏军的高级将领们陷入非常困难的局面，在战争的最初几个星期里，很多苏联部队可以说是被己方混乱的指挥推到了德军的炮口之下。德军闪电般的快速进攻的势头一直持续了一个多月，大量苏军主力野战军还没有展开作战就已经被合围。在此后的两个月里，苏军仍处于下风，在北方列宁格勒被包围，在中央莫斯科已经失去了屏障，在南方更是大批部队被德军围歼……

　　这是德军在第二次世界大战中发动的规模最大的闪击战，也是德军最后一次成功的闪击。这次闪击虽然没有完全达到预想的目的，却也创造了世界军事史上的奇迹：面对一个势均力敌的强大对手，在很短的时间内侵占了对方大片领土，歼灭了上百万的苏军，几乎

直捣苏联首都；而拥有庞大陆军部队和巨大战争潜力的苏联，在德军的钢铁洪流面前，在最初的几个月里几乎毫无还手之力，这个巨人在德国密集的重拳打击之下，晕头转向、摇摇摆摆，跌倒后险些爬不起来。

从波兰比亚威斯托克到白俄罗斯斯摩棱斯克，从乌克兰基辅到俄罗斯维亚济马—布良斯克，苏军的主力兵团一次又一次地被德军的铁翼包抄装入口袋，进而被全歼。白俄罗斯与乌克兰的首府相继陷落，第二大城市列宁格勒也陷入重围，莫斯科直接面临敌军的威胁。这场战争可以被写成一本经典的军事学教科书。因为在战争中，德军进行了一次又一次的几近完美的歼灭战，古德里安、曼施坦因、冯·博克等一系列军事指挥天才在这场战争中涌现出来，立足于世界军事家的人物长廊。在他们出色的指挥下，德军充分展示了"闪击战"理论的优势和装甲部队的强大战斗力。然而这又是一场奇怪的战争，因为就是这一系列从胜利走向胜利的战役，实质上却是在为未来的最终失败埋下伏笔。德军一次次歼灭苏军重兵集团的同时，也在一次次丧失取得战争决定性胜利的机会。苏联最不缺乏的就是人力，而德军最迫切需要的却是时间，可以说德军的胜利，是在用自己的时间来换取苏联的人口。在以小侵大的战争格局中，这是一笔不划算的买卖，因此在接连不断的胜利之下，巨大的阴影笼罩过来。几乎每一次重大的战役胜利，都在战略上失去了重要的砝码。经过这场战争，德军从"二战"初期的精锐之师变成了疲惫之师，由战无不胜的"神话之师"，变成了危机重重的"末路狂兵"。正是因为这样，此后的苏德战争才成为整个欧洲战场，乃至整个"二战"的转折点。

为什么频频获胜的一方却逐渐地失去胜利女神的青睐？为什么钢铁般的巨大力量改变不了第三帝国军事大厦终将倒塌的宿命？这些疑问，本书将为您一一解答。

战役备忘 | 突袭苏联
The Assault on Soviet Union

希特勒 | Adolf Hitler

我真正的伟大使命，是同布尔什维主义算账。

斯大林 | Joseph Stalin

你看，他们（英国人）是怎样千方百计地拿德国人吓唬我们；又拿我们当怪物吓唬德国人，这显然是要挑唆我们互相残杀。

丘吉尔 | Winston Churchill

战争主要是人们行事失策的记录，但是我们怀疑历史上是否有像当时斯大林和共产党的领袖们所犯的那样错误，他们抛弃在巴尔干的一切机会而因循等待，他们也没有能够觉察到那将对俄国发动的猛攻。

朱可夫 | Georgy K. Zhukov

当战争危险日益临近时，我们这些军事将领看来没有尽一切力量说服斯大林，使他相信苏德战争不可避免地要在最近爆发。

★ **战争结果**

从 1941 年 6 月 22 日至 7 月 9 日，苏军在战争初期严重失利，损失巨大，近 30 个师不复存在。德军占领了拉脱维亚、立陶宛全境，白俄罗斯大部，乌克兰和摩尔达维亚的部分领土，并进入俄罗斯联邦西部，进抵列宁格勒，威胁至到斯摩棱斯克和基辅。德军也遭到自第二次世界大战开始以来的最大打击，损失约 15 万人、950 架飞机、几百辆坦克。

★ **战役之最**

a."巴巴罗萨"计划，世界战争史上最大的骗局。b. 第二次世界大战中规模最大的闪击战。
c. 德军"二战"以来遇到的最大打击。

★ **作战时间**
1941 年 6 月至 9 月

★ **作战地点**
苏联境内

★作战国家

苏 联

　　苏军西部边境军区和海军共有兵力 170 个师又 2 个旅，计 290 万人；1,800 辆重型和中型坦克，1,540 架新式飞机和大量老式飞机，34,695 门火炮和迫击炮，269 艘水面舰艇、127 艘潜艇。

★作战将领

铁木辛哥 | Semyon Timoshenko

　　苏联元帅。卫国战争初期，任苏联国防人民委员、统帅部大本营主席、最高统帅部大本营成员。1941 年 7 至 9 月任副国防人民委员。同时任西方向总司令兼西方方面军司令员。1941 年 9 月至 1942 年 6 月任西南方向总司令兼西南方面军司令员。1942 年 7 月任斯大林格勒方面军司令员，10 月任西北方面军司令员。

德 国

　　侵苏德军共编成南方、中央和北方 3 个集团军群，辖 7 个集团军、4 个装甲集群，共 152 个师又 3 个旅，共计 305 万人，约占德国野战陆军兵力的 95%。德军为进攻苏联，共准备了坦克 3,350 辆、作战飞机 3,275 架、火炮 7,146 门。

博 克 | Fedor Von Bock

　　德国陆军元帅。在波兰战役中，博克上将担任由两个军团所编成的 B 集团军的指挥职务，因功而被颁发骑士勋章。1940 年 7 月 19 日，希特勒提升博克为元帅。对苏战争中，担任中央集团军群司令。博克虽然尽力展现出了他的军事天才和指挥才华，却没能完成希特勒交给的任务。由于与希特勒意见不合，先后两次被撤职。

★ 战争意义

　　德军对苏联的闪击，是第二次世界大战中进行的规模最大的闪击战，也是德军实施的最后一次闪击战。这次闪击战虽然没有完全达到预定的阶段性战争目的，但取得的战果是巨大的。苏联最高当局误判战争爆发时间，是苏军在战争初期严重失利起决定作用的因素。当认识到战争初期所出现的问题后，苏军及时修订了军事战略方针，用"积极防御"的理论指导部队作战，才逐步走出了困境，从而扭转了被动挨打的局面。

作战示意图 突袭苏联

第3突击军
奥斯塔什科夫
第27集团军
第22集团军
第29集团军
别雷
勒热夫
莫斯科
第30集团军
第19集团军
第16集团军
加里宁
拉脱维亚
希奥利艾
韦利卡亚河
洛瓦尔姆
季河
陶格夫匹尔斯
韦利日
第32集团军
第4装甲集群
第16集团军
立陶宛
考纳斯
维尔纽斯
维捷布斯克
斯摩棱斯克 第20集团军
叶利尼亚
卡卢加
图拉
东普鲁士
第9集团军
第3装甲集群
格罗德诺
奥尔沙
莫吉廖夫
第24集团军
第28集团军
西方方面军
第43集团军
第50集团军
布良斯克
奥廖尔
中央集群军群
比亚韦斯托克
第10集团军
第4集团军
白俄罗斯
博布鲁伊斯克
克里切夫
戈梅利
斯塔罗杜布
第3集团军
华沙
波兰
第4集团军
第2装甲集群
布列斯特
平斯克
第21集团军
第2装甲集群
第13集团军
库尔斯克
西南方面军
科韦利
科罗斯坚
第5集团军
科诺托普
第2集团军
第40集团军
第6集团军
第1装甲集群
第5集团军
罗夫诺
基辅
第37集团军
洛赫维察
哈尔科夫
第17集团军
利沃夫
别尔季切夫
第1装甲集群
波尔塔瓦
第21集团军
斯洛伐克
乌克兰
波多利斯基
文尼察
第38集团军
第26集团军
克列缅丘格
第6集团军
南方集群军群
第12集团军
切尔诺夫策
乌曼
第第伯彼得罗夫斯克
扎波罗热
匈牙利
罗马尼亚第3集团军
第18集团军
第17集团军
克里沃罗格
第18集团军
第聂伯河
第11集团军
基什尼奥夫
尼古拉耶夫
梅利托波尔
第9集团军
罗马尼亚第4集团军
第9集团军
罗马尼亚
第51集团军
克里木半岛
布加勒斯特
多瑙河

左图：1941年苏德战争开始前，苏德双方兵力对比图。

右图：1941年6月至9月，德军北方集团军、中央集团军群、南方集团军群向苏联境内全面进攻路线及苏军战略部署示意图。

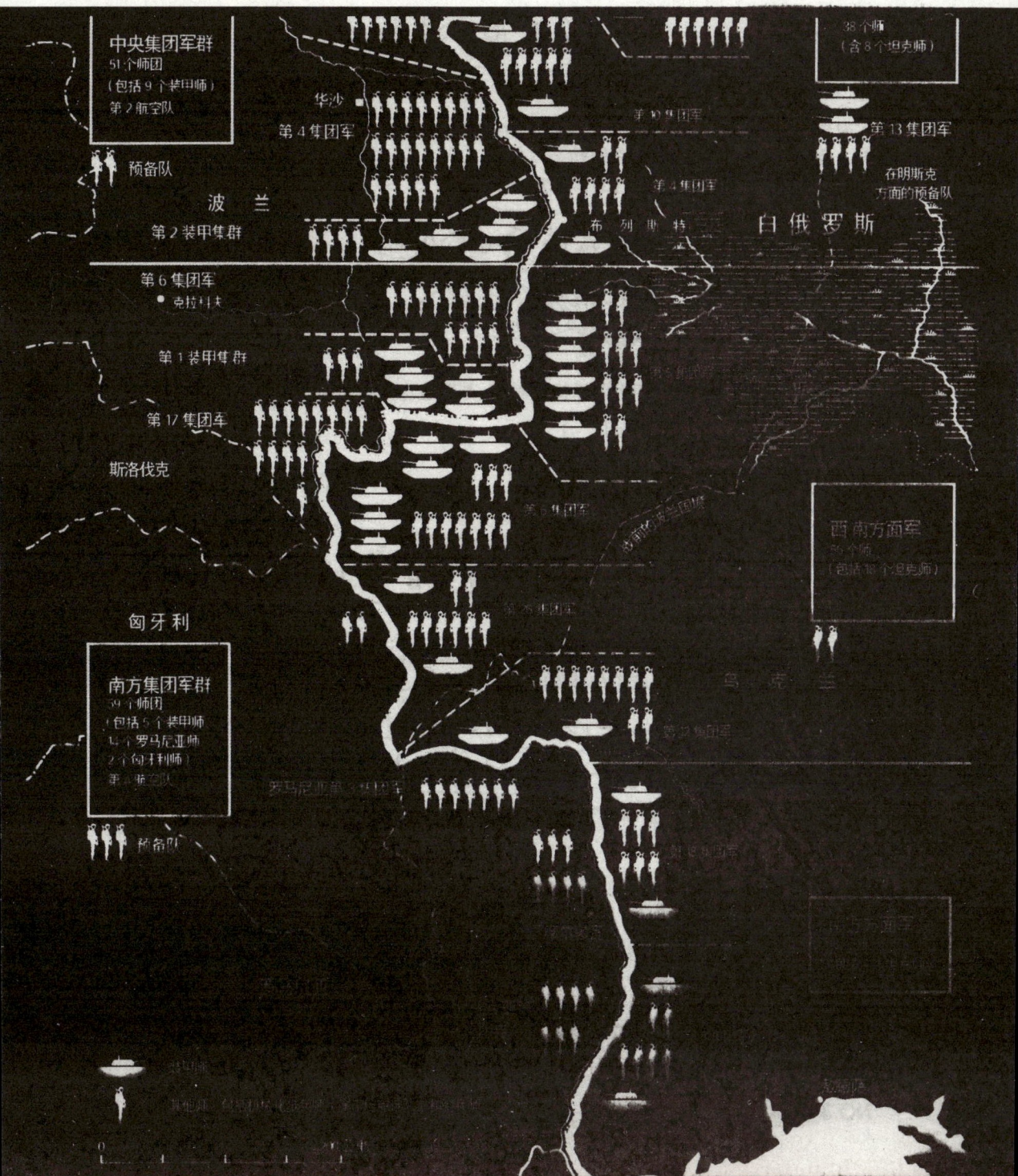

目 录 | 突袭苏联

The Assault on Soviet Union

第5章 坦克大战

战争初期，德军的优势不仅来源于大规模袭击的突然性，以及武器的先进，更来源于闪击战理论的强大力量……

第6章 惨败明斯克

政治斗争总是无情地将个人命运卷入其中，然而在历史的安排下一切都变得不可预测……

第7章 激战斯摩棱斯克

作为闪击战理论的创始人，古德里安对于装甲兵有着最为深入透彻的了解，他充当了德军的装甲急先锋……

第8章 包围基辅

先攻莫斯科还是先打乌克兰？这是当希特勒的"巴巴罗萨"计划还停留在纸面上的时候就已经开始了的争论……

第9章 浴血列宁格勒

相对于南方集团军群和中央集团军群，勒布元帅在北方的进展可以说是相当不顺利……

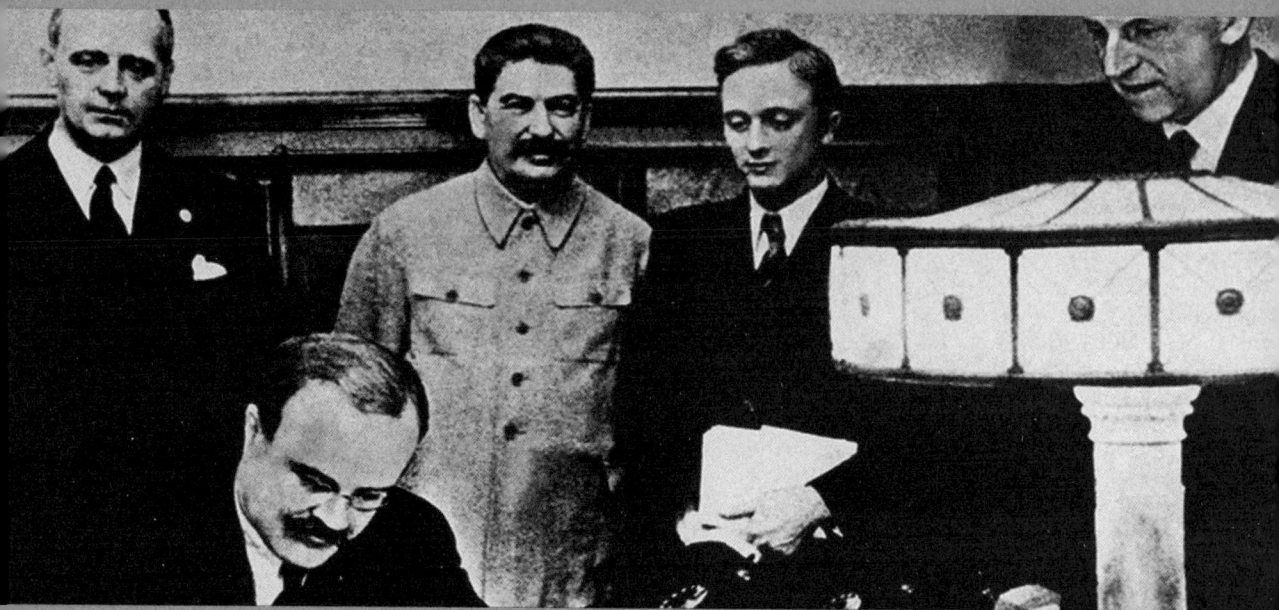

第一章

与恶魔做交易

大战即将来临之际，苏联为了给自己换来一点准备的时间，选择了和最危险的对手希特勒签订条约。这是国际外交史上最为复杂也最富戏剧性的事件之一。但希特勒却是一个根本无法与之做交易的人，何况这个阴谋家时刻没有忘记他进军东方的"理想"。因此，虽然斯大林作出了当时看来唯一明智的选择，却还是没能改变历史的进程。希特勒的战争机器开动了，他会选择一个他认为最合适的时间，将所有的条约扔进纸篓，然后用斯拉夫民族的鲜血来擦拭他的刀锋。

No.1 骄傲的斯大林

1939 年 3 月，苏联共产党第十八次代表大会上，万人会场非常安静，只能听到一个响亮的声音在回荡，那是一个演讲家的声音，虽然带有明显的格鲁吉亚口音，但一字一句都特别清楚，语调富有说服力和鼓动性。这个声音来自主席台上那位政治局委员，他身材不算高，厚厚的头发向后背梳着，高耸的鼻梁，深陷的眼窝，眉毛和胡子都很浓密。他就是苏共中央总书记斯大林。

他正在宣读的长长的文件是苏共十八大的工作报告。最初，对于由中央机关起草的这份工作报告的草案，斯大林并不满意，他几乎是又把报告重写了一遍，特别加入了十七大以来党内反对托派和各种内部敌人、奸细的斗争所取得的胜利，以及当前非常严峻的国际形势——世界性的、有可能将苏联卷入其中的战争会在几年内不可避免地到来。

是呀，这两个内容恰恰是 1939 年苏联社会政治生活的主旋律。看看十八大的代表名单，再对照一下十七大的代表名单，连斯大林自己都有些吃惊。很多原来的党和政府以及苏联红军的高级领导都已经不在人世了。这正是他自己这几年的"斗争成果"。斯大林不禁开始回想他一手发动的"大清洗"的斗争：1937 年，处决了图哈切夫斯基、雅基尔、乌博列维奇；1938 年处决了罗森霍尔茨、李可夫、布哈林，另外还有阿格拉诺夫、乌汉诺夫、谢苗采夫、舍博尔达耶夫、鲁勉采夫、哈塔耶维奇、杰姆琴科、苏利莫夫、杰连斯基……这份名单简直是越拉越长，其中很多都是斯大林多年的老战友。"党内斗争得太残酷了！"斯大林不禁心头一颤，可是想到十七大时竟然有近 300 名代表投了他的反对票，他的心立刻平静了一些，"这是必要的斗争！"

斯大林和他的名字一样，有着钢铁般的意志。他几乎从来不会动摇自己的决心，不会受到他人意见的干扰，不会承认自己的错误，更不会后悔自己的行为，他不知懊悔为何物，就像他不知仁慈和同情为何物一样。然而想到十七大后，党员的人数减少了 33 万！他不能不担心，很多重要的岗位是不是留下了真空。

国内建设需要新鲜的血液，更何况我们可能将面临不知有多强大的敌人的进攻，我们必须尽快地把工业和部队的建设恢复起来，并且加强。还要在欧洲大陆努力减少我们的敌人，同时寻求我们的利益！

应该承认，斯大林是个杰出的政治家，他对当时国际局势的判断是清晰而有远见的。他把这些想法都用适当的方式融入了工作报告。在最后，他总结道：

我们要继续寻求防止战争爆发或者至少最大限度地推迟战争爆发时间的和平手段，在贯彻苏联的欧洲集体安全计划方面作一些新的尝试。决不容许建立广泛的反苏统一战线。

遇事要慎之又慎，要充分分析欧洲帝国主义国家的关系和矛盾，不受敌人的挑拨和利用。同时，采取一切必要的，甚至非常的措施来加速使国家做好防御准备的工作，把增强红军和红海军的战斗力放在首位……

　　报告中，斯大林不时加强语气，然后停下来，会场上响起热烈的掌声，有时是连续几分钟暴风雨般的掌声。这正是斯大林最满意的，或者是说他所要求的党内团结一致的气氛。

　　斯大林的判断和对策应该说是很具有政治眼光的，他也在此后的领导中不断贯彻着这样的原则。当时的欧洲，正是英法两个大国对法西斯德国实行绥靖政策的时候。英法都看到了希特勒的危险，又不敢与之争锋，1938年9月的"慕尼黑协定"，英法靠出卖别国的丑陋行为，为自己赢得了建立在沙子上的和平大厦，并努力地想将希特勒这股祸水东引，最好让法西斯和苏维埃这两大"恶人"先拼个你死我活，互相削弱，他们就可从中渔利。而希特勒正在为实现自己在欧洲和全世界的野心蓝图作最后的准备。经历过俄国革命之后艰难的反侵略战争的斯大林明白，即使是社会主义国家，想在这个时代生存下去，也不能将自己独立于帝国主义列强之外，不能将整个资本主义世界当成自己的敌人，不然将陷入可怕的孤立。必须在帝国主义列强的夹缝中寻找自己的外交空间和国家利益，必须寻找盟友，哪怕是"露水夫妻"。

斯大林首先将目光对准力量强大的英法同盟。1939 年 4 月，在莫斯科开始了英法俄三国的谈判，苏联的目的是建立一个军事互助合作协定，以便在未来一旦欧洲开战时，能得到一些支持。然而英法代表团却态度傲慢并无诚意，谈判不断被拖延，一直谈到 8 月份，竟然还毫无结果。斯大林发现，英法其实并不是真想拉苏联这个盟友，那样会过早和德国树敌，他们只想利用与苏联谈判的机会来多少牵制一下德国。斯大林感觉被欺骗了，但是他还是要忍住，他必须贯彻他最初制定的正确的欧洲外交原则。

斯大林感觉到问题的严峻，在同英法的接触中，他发现了资本主义强国对苏联的敌视和对社会主义制度的蔑视，还有对工人阶级领导的共产主义运动的隐隐的恐惧。他发现，欧洲孕育着建立广泛的反苏联盟的危险。德国在一步步东进，英法看来还不准备遏制德国。"难道未来的战争要从德国进攻苏联开始吗？那样的话，英法会看着我们和德国拼个头破血流，直到我们败了，英法才会对德开战。就算我们艰难地战胜了德国，英法，甚至美国也会借机扑过来！另外，不能忘记还有背后的日本，一旦日本在亚洲取得胜利，它会不会从远东的西伯利亚捅我们一刀子？不行，这太危险了！绝对不能让世界大战从我们这里开始，这是最坏的状况。最好是先让帝国主义列强们打去，等他们都筋疲力尽了，我们再……就像当年的美国。这是我们最好的状况。要实现这一目的，就必须在欧洲寻找盟友。

英法不行，就只能试着接触危险的希特勒了。其实接触希特勒并不比与英法签订条约更危险，因为英国、法国和希特勒一样，会在关键的时候不讲信誉。重要的是我们必须让希特勒感觉到，我们是安全的，至少跟英法比起来我们更安全。只要让他先从西欧开始战争，就能给我们争取一到两年的时间。"

就在这个时候，机会来了，柏林的代表来到了莫斯科，并带来了希特勒的"问候"。希特勒准备对波兰下手了。希特勒知道，他的战争机器一旦开动，再同英法保持中立就不可能了，必须一鼓作气地横扫过去，不然等英法准备好战争，再反扑过来，实现称霸欧洲的目标就会困难得多。这时，希特勒最不了解的，也是最担心的敌人就是苏联。对于英法，希特勒能准确地说出它们有多少个步兵师，多少架飞机，多少艘战列舰和巡洋舰，他们的战争潜力怎么样，每年能生产多少坦克，补充多少兵员。但是，对于苏联，希特勒的情报工作再努力也只能是雾里看花，天知道这个社会主义国家到底藏着多少个步兵师，每个师有多少人，更没法预计它的工业潜力。一旦在欧洲开战，斯大林会不会看准机会在他背后猛扎一枪？如果这样，德国将陷入和一战时同样的两线作战的不利局面。这是希特勒需要顾忌的地方。因此，他的打算是先稳住苏联这个神秘的巨人，等自己的装甲兵在一年多的时间内闪电般扫荡了欧洲大陆后，英国就很有可能被迫屈膝求和，到那时再回过头来对付苏联也不迟。在欧洲大战即将爆发的前夜，苏联与德国两个冤家对头却终于找到了共同的利益，斯大林和希特勒这两个宿敌的手就要握在一起了。

No.2 "鬼胎"落地终成娃

1939 年 8 月，希特勒正在为闪击波兰做着最后的准备，这时唯一让他感到没有把握的就是背后强大的苏联，他搞不清苏联的实力，更摸不清苏联的态度。而就在这时，德国驻莫斯科的大使舒伦堡给他发来了苏联与英法的合作谈判陷入僵局，并且斯大林开始失去耐心的消息。希特勒敏锐的政治嗅觉立刻告诉他，这是一个天赐良机！他可以借此机会把苏联暂时争取过来，稳定自己的后方。希特勒立刻要求舒伦堡转达他的友好信号，并建议派外交部长里宾特洛甫立刻前往莫斯科签订"互不侵犯友好条约"。此时距离希特勒预定的对波兰发动闪击的时间只有一个星期了，必须迅速在谈判桌上稳住苏联。焦急的希特勒在8月20日亲自致电斯大林，表示要立即开始谈判。

这份电报被送到斯大林的办公桌上，他仔细地揣摩着电报的最后两段：

德国与波兰之间的紧张关系已变得无法容忍。波兰如此对待一个大国，随时都可能爆发危机……我认为，既然两国均有意在彼此之间建立新关系，就不宜浪费时间。因此我再次建议您于星期二（8月22日）接见我的外交部长，至迟于星期三（8月23日）接见……如蒙立即答复，我将非常高兴。

斯大林读出了希特勒的暗示，他很可能要在23日之后几天以内就对波兰动手了。欧战迫在眉睫，希特勒在最后一次试探苏联的态度，他决定立刻和苏联签约，不然就很可能直接打过来。斯大林反复地思考了与英法的谈判和与德国的接触，他明白，是该站队的时候了，如果站错了队，可能会把苏联提前卷入战火。

德国是极富野心的，但是毕竟它还在欧洲大陆上与法国处于对峙状态。英法是靠不住的，即使签了条约，他们也会为了不与希特勒树敌，而不惜出卖我们……可恶的英国人和法国人，只是想让我们和希特勒斗个你死我活，他们在旁边坐收渔翁之利。没门！斯大林下定决心，要以其人之道，还治其人之身！

他立刻命令苏联外交人民委员莫洛托夫给希特勒回电：

致德国首相阿·希特勒

　1939年8月21日

感谢您的来信。希望《苏德互不侵犯协定》将会创造一个大大改善我们两国之间的政治关系的转机。

我们两国人民需要彼此和平共处。德国政府同意签订互不侵犯条约，这将为消除政治紧张状态和确立我们两国之间的和平与合作奠定基础。

苏联政府委托我通知您，同意里宾特洛甫先生于8月23日前来莫斯科。

约·斯大林

▲ 莫洛托夫访德时与德国高官们一起交谈。

　　斯大林和希特勒同样急不可耐地希望立刻签订条约。于是在里宾特洛甫23日来到莫斯科的当天，双方就签署了《苏德互不侵犯条约》。在24日举办的招待酒会上，斯大林高举酒杯对德国朋友们说："让我们举杯，祝愿希特勒健康！"

　　《苏德互不侵犯条约》规定：

　　（1）缔约国双方相约，避免单独地与其他国家联合，以任何暴力侵略或攻击行为加于对方。

　　（2）倘第三国以类似战争之行动，加诸缔约国之一方时，他方即不得对该第三国予以任何援助。

　　（3）两缔约国政府今后应就彼此有关之各项问题，保持密切接触，并交换情报。

　　（4）缔约国之一方，对于直接或间接以反对对方为目的之任何集团，均不得参加。

　　（5）缔约双方，在某种问题或其他问题上发生分歧或抵触时，不论性质如何，均采取和平方式、友好精神交换意见，于必要时，或组织仲裁委员会，以谋解决。

　　（6）本约有效期限定为10年，倘未经缔约国之一方于期满一年以前通告废止，应自动延长 5 年。

（7）本约应迅速予以批准，批准文件，在柏林交换，但本约签字后，立即生效，本约用苏德两国文字各缮一份。

然而就在签署这个条约的同时，苏德双方又签署了一个瓜分势力范围的"秘密协定"，其中规定：双方势力以波罗的海沿岸地区的立陶宛北部边界、波兰的那累夫河、维斯瓦河为分界线；在东南欧方面，苏联关心它在比萨拉比亚地区的利益，德方宣布它对该地区在政治上完全没有利害关系。这条协定简直就是两个列强在坐别分的主权国家的领地，它充分暴露了条约双方的意图，两个国家都想在未来的战争中捞上一把，但又互相顾忌，因此提前划分好地盘。尽管存在这个极不光彩的"秘密协定"，但是客观地说，这个条约还是有其积极作用的，它确实为苏联争取了宝贵的战争准备时间。

同长期以来政治上视为假想敌、宣传上痛骂为法西斯的德国签订互不侵犯条约，确实令苏联在政治上颇感尴尬。在同希特勒德国进行了长达 6 年之久的政治、外交对立之后"化敌为友"的确不是一件很光明正大的事情。当纳粹外交部长飞抵莫斯科时，全城竟然没有一面可以用来欢迎德国外长的纳粹旗，最后还是在一家正在拍摄反纳粹电影的制片厂里找到了"道具"。广大党员也很难理解为什么竟然同法西斯签订友好协定。如果同伦敦和巴黎签订旨在制止法西斯侵略的协定，当然比同希特勒签署条约更会受到全体进步力量的欢迎，也更能为国内人民所理解。但是，在当时的情况下，根本没有可能和英法签订条约，英国法国对于谈判毫无诚意可言。而单独面对帝国主义列强是斯大林最不愿看到的情况。应该说是英法将苏联推到了法西斯德国的一边，英法为它们的阴谋诡计付出了代价。在签订条约的当天，里宾特洛甫对他的人说："今天签署了不列颠帝国的死刑判决书，并使我们有可能填上执行判决的日期。"英法想将祸水东引，结果反而被斯大林把这道菜又布了回去。

历史证明了斯大林的判断基本上是正确的。1939 年到 1940 年，希特勒用闪电般的速度摧垮了波兰，荷兰、比利时、卢森堡等国也在纳粹的刀锋前像麦子一样纷纷倒下。而拥有 300 万军队、与德军势均力敌的法国竟然在 30 天之内就彻底崩溃了，只剩下了英国依靠海峡天险据守本土。而苏联在《苏德互不侵犯条约》特别是"秘密协定"的掩护下在东欧窃取了大量土地。唯一超出斯大林意料的就是德国竟然如此迅速地扫平了欧洲，它会不会也同样迅速地扫荡英伦三岛呢？还是英国迫于压力与之媾和？总之留给苏联准备战争的时间不多了。斯大林知道，《苏德互不侵犯条约》早晚有一天会被希特勒团起来丢进废纸篓的。战争只可能被暂时推迟，却无法避免。

No.3 天生狂魔希特勒

1924 年初春，慕尼黑以西 80 公里的莱茵河盆地上的小镇兰德斯堡的监狱里，囚禁着一个日后注定要给人类带来一场浩劫的人物，这就是德国纳粹党的领袖、发动第二次世界大战的罪魁祸首阿道夫·希特勒。此时，他因为发动了著名的"啤酒馆政变"，正作为一名囚徒，被关押在这里。监狱里的生活是枯燥的，可是希特勒却想到了消磨日子的方法——他开始向自己的信徒口授《我的奋斗》一书。这本书后来一经出版，立刻成为轰动一时的畅销书。希特勒在这本书中阐述了"生存空间"思想，发誓要为德意志民族的发展夺取足够的"生存空间"，而其主要的矛头，就是德国东边的苏联。按人口比例，一个苏联人占有的土地面积是一个德国人的 18 倍，可是，在希特勒看来，斯拉夫这个"劣等民族"哪配占有这么多土地？因此，德国必须消灭苏联，扩大自己的"生存空间"。他说在称霸欧洲大陆之后"不管怎样，要继续向东突进……必须把俄国从欧洲大陆国家的名单中划掉……报复布尔什维主义。"

1940 年至 1941 年的希特勒，正处在他一生中最为得意的巅峰。闪击波兰，平灭比利时，横扫欧洲大陆；号称陆军欧洲第一的法国，竟在他"谈笑间"，灰飞烟灭。英伦三岛虽然未被震慑，还摆出一副抗争到底的架势，但是希特勒相信那迟早也是他的盘中美餐。而苏联，早晚腾出手来就会收拾的。但是，这一切却没能让希特勒有一点满足感，因为他知道，他的事业是只要开始就不能停止的事业，一旦停止，就意味着彻底的毁灭，因为他对抗的几乎是整个世界。而且，这一点点胜利，对于他的庞大野心来说，也只能算是一个序幕而已。

希特勒在后人心目中，很大程度上是一个恶魔，而不是正常的人。究竟是什么力量在驱动他为了一己的野心，不遗余力不计后果不顾亿万生灵，发动世界性的战争？在这里，我们不妨审视一番希特勒其人，借助一些历史学家的研究，了解他的一些侧面。

希特勒的疯狂扩张野心来源于哪里？有些学者认为希特勒的精神很不正常。雷德利克在《希特勒：对这位破坏王进行诊断》一书中表示，希特勒同时具有妄想症、自恋、忧虑、抑郁等心理疾病。

另一些西方心理历史学学者认为，希特勒在对外扩张问题上表现出的贪婪疯狂和冷酷无情可能来源于他的幼年经历，是他幼时特别漫长的哺乳期造成了他这种变态性格。受乳经历是希特勒的本源经历，他逆源而行建立了所谓的"日耳曼给养地"理论。他说："怎样才能喂饱整个民族？我们要么输出人口或者商品，要么力求调整领土格局，使其适应人口需要。大自然把这种可能性——自我保存本能——赋予一切生物的新生儿。当乳婴吸吮母亲乳汁时，他不会先问一声，这维系生命的乳汁是否正在经历磨难。饥饿和爱构成了健康本能。"

这种心理历史学的分析，试图在希特勒的个性源头中发现促使他不断扩张领土的意识结构，但无论怎样证明，这种因果关系还是很不充分的。

有历史学家研究，希特勒发动一系列侵略战争可能源于他的同性恋倾向，而他的暗恋对象竟然就是美国总统罗斯福。许多熟悉希特勒的人说，他爱穿女人衣服，据说，当年斯大林和英国首相丘吉尔，都常常取笑美国总统罗斯福，因为他自1932年起，便是希特勒迷恋的对象，希特勒的家里贴满他的照片。不过，专门研究希特勒私生活的传记家伟菲尔德曾调查过希特勒的情妇，发现希特勒对女性肉体有强烈兴趣，认为同性恋的谣传是无稽的。

同时，严重的生理残障有可能是造成希特勒心理残暴无情、充满了变态进攻性的重要原因。据资料显示，在攻克柏林后解剖希特勒尸体时，竟然发现他只有右边一粒睾丸，而缺少了左边的。这造成的性功能障碍可能引发了他的心理上严重的缺失感。而同时可以确信的是，希特勒患有"尿道下裂"疾病，令他随时会出现失禁，这使他差不多每隔一小时便要淋浴一次，这种带来肮脏感觉的疾病也可能引发心理不平衡。

美国历史学家德伯拉·海登女士搜集了大量有关希特勒生活及身体状况的内部资料。希特勒当年的病例显示，他的心脏一直有问题：经常心律不齐，或者说鼓膜有伴音，而那是由于梅毒感染伴发主动脉炎引起的。众所周知，希特勒晚年动辄癫狂暴怒，人们原先以为是他怪癖的性格使然，而现在终于找到了病根：原来是梅毒侵染了他的大脑，使他患上了脑炎，导致神经功能紊乱。在生命的最后几年里，希特勒常常被各种疾病困扰，如头晕目眩、胸闷气短、胸口疼痛、肠胃不适、颈部长满脓胞、胫骨受损导致小腿肿胀，有时甚至连皮靴都穿不上……而诸如此类的病症都是梅毒感染的典型症状。而作用在精神上的反

▲ "一战"中的希特勒（前排左一）因中毒气弹差点丧命沙场，尽管死里逃生但身体器官受到了严重损害。

映就是狂躁不安、暴怒乖戾甚至暴力倾向，这可能正是希特勒不断发动疯狂战争的精神原因。海登将她的上述发现写成了一本书——《疱疹：关于天才、癫狂和梅毒的秘密》。海登在书中写道："如果从梅毒这一特殊的切入点去审视希特勒的生命历程，你会发现他晚年时期的所有症状都是彼此相关的，从早期轻微的症状一直可推到晚期严重的症状，总之，他一生所得过的各种怪病都可以得到一个合理的解释——梅毒感染。"

美国路易斯安那州大学精神病学家波斯特经过长时间搜集资料及研究后披露，纳粹德国狂人希特勒之所以相信自己是命中决定的世界统治者，全因年轻时短暂失明后接受的催眠治疗而起。波斯特表示，希特勒在 1918 年 10 月参加第一次世界大战时还是下士，他遭到芥子毒气袭击而双目失明，在帕瑟瓦尔克市军方医院接受催眠治疗后奇迹般地恢复了视力。波斯特还发现，希特勒其实是因医生的一番话而对自己拥有超能力深信不疑的。根据诊治纪录记载，精神病医生福斯特曾对希特勒说："你可能拥有某种罕有的力量，这可能是千年难得出现一次的奇迹，耶稣是其一，穆罕默德是其二……平常人如果像你这种情况应该会终身失明，但如果是有某种力量及意志的人则无可限量。你需要对自己有盲目的自信，那么你就不用再失明……你也知道德国需要有力量及盲目自信的人。"但是，这位医生做梦也想不到，自己的一番话竟令这个狂人从此走向政途，开始了他企图统治全世界的迷梦。

这些历史学者们虽然得出的结论各不相同，但是都基于一个相似的理论出发点，就是：希特勒不是一个正常的人，他是人类中变态的个别分子，从这个角度出发，再去寻找他心理变态的原因。其实，我们不妨把希特勒看作一个正常人的个体来分析。他的自私和贪欲，他的阴险和残暴等等，可能并不是变态的人性，而是人类性格共同的阴暗面的反映。只不过希特勒集中了这些特点，并将它们发挥到极致，特别是他得到了一个机会，让他能在历史舞台上施展他的"魔法"，这就不能不引起我们对人类自身的反思。

换句话说，如果我们将他排除出人类之外，我们可能就忽视了他和我们的许多共同之处，忽视了我们身上潜在的"希特勒品质"，这事实上是一种逃避和推卸责任的做法。实际上，当我们考查很多历史上正邪参半的名人，甚至是一些被当作伟人的人物时，我们会发现，他们的一些侧面和希特勒是何其相似。我们的历史应该把希特勒当成一个正常的人来书写。他的称霸迷梦不仅是他自己的，不仅是他的爪牙们的，甚至还是他的"东方对手"的梦想。

希特勒的目光始终没有离开过苏联，对于《苏德互不侵犯条约》，他说："这是同我们必须掐死的魔鬼订立的条约。"他常对他的部下讲："条约只有在其符合目的时才会得到履行。"他企盼有朝一日将条约撕碎，然后挥戈东进，统率一支钢铁大军踏平共产主义苏联。东征是他一生最美丽的梦想，就像当年的亚历山大大帝和拿破仑（当然结果不能像他们）。然而在1941年，条件看起来还不成熟，就是因为英国，不仅坚定地拒绝和他合作，还在大西洋上和海峡上空给了他沉重的打击。但他却从来没有像痛恨犹太人或斯拉夫人那样痛恨过英国人，希特勒一直认为同英国人合作才是上策，征服它只能算是中策。1941年7月19日，他在柏林歌剧院里发言时对英国人表达了这样的观点，他说丘吉尔是一个政客，丝毫不关心英国人民的安全，是丘吉尔逼迫他去毁灭他"从来不想毁灭甚至不想伤害的伟大帝国"。

希特勒呼吁道：

现在，我觉得在良心上有责任再一次向英国和其他国家呼吁，请拿出理智和常识来。我认为我是有资格作这种呼吁的，因为我不是乞求恩惠的被征服者，而是以理智的名义说话的胜利者！

然而在希特勒的演讲发表之后不到一个小时，伦敦的英国广播公司就作出了反应，他们的回答是"不！"希特勒对于强硬的丘吉尔，仿佛是热脸贴上冷屁股，对于英国，他不得不死心了。

第二章

瞄准苏联

当希特勒的钢铁军队在欧洲大陆纵横的时候，苏联也在其背后悄悄地扩张着自己的地盘。这让希特勒无法忍受，可他却吃惊地在"秘密协定"中发现一条重大的漏洞，这使得苏联的扩张行为完全不受互不侵犯条约的限制。同时对英国的军事行动屡屡遭遇不顺，使得原本雄心勃勃的"海狮"计划，最终变得食之无味，弃之可惜。经过对力量对比和战争利益的反复权衡，希特勒决定置海峡对岸的英国于不顾，先集中力量解决掉苏联。于是，著名的"巴巴罗萨"计划出炉了。

No.1 打不打苏联，这是个问题

1940 年 10 月 8 日，可以说是希特勒开战以来最为郁闷的一天，在柏林，他无奈地下达了无限期推迟"海狮"计划的命令。丘吉尔政府的顽强抵抗已经伤了希特勒的心，更让他感到难堪的是在执行"海狮"计划时，他的海军和空军在与英国皇家海军和空军的对抗中丝毫没有占得上风，反而是一系列的海空胜利包括对柏林的不断空袭鼓舞了英国人本已低落的士气。这并不奇怪，英国海军的兵力几乎是德国海军的三倍，而在美国的帮助下，英国空军的装备质量也超过了德国空军。在完全没有制空权和制海权的条件下发起渡海登陆作战，简直就是让大量的士兵去送死。希特勒隐隐地感觉到，那道浅浅的海峡，对他来说变得越来越宽了。

英国强大的空军实在是他的心头之患。他私下曾对他的部下说过："对英国作战只会把两个国家都变成焦土。"而且即使最终攻占了英国，也必然要使德军付出巨大的代价，那样的话可能近 10 年内德国都无法再发动大规模的战争了。希特勒也认识到，德军即使登陆作战，成功打垮了大不列颠，但却无力去瓜分在全世界土崩瓦解的英国殖民地，这样德国人的鲜血只能为美国人和日本人换来渔翁之利，这是希特勒绝对不情愿的。横扫欧洲的德国钢铁之师不可能永远生龙活虎，在进行一次大规模的战争后就会变成疲惫之师，希特勒不愿把他的最后一颗子弹用在英国身上。

而苏联一直是希特勒心目中不共戴天的死敌。社会主义苏联是德国在意识形态上无法容忍的异类，消灭红色苏维埃是希特勒全盘计划中或早或晚的一步棋。1917 年的俄国十月革命之后，苏维埃就成了整个欧洲帝国主义列强的眼中钉、肉中刺。希特勒一旦对苏联开战，这场战争会具有整个欧洲讨伐危险的布尔什维克的战略意义，就好像是第 2 次十字军东征。1940 年 6 月初，希特勒就曾向德军 A 集团军群总司令伦德施泰特吐露了自己的心声："我真正的伟大使命，是同布尔什维主义算账。"

希特勒对于斯大林的印象是：这个家伙和我一样，会使用欺诈的手段，会在对自己有利时背弃任何条约，说不定苏联什么时候就会主动发起进攻。事实上自从《苏德互不侵犯条约》签订以后，希特勒就越来越感觉到背后的芒刺。当希特勒指挥德军在法国大地上挥戈猛进的时候，苏联却悄悄地在他的背后用和他如出一辙的手段开始了扩张。1940 年 6 月 12 日，莫斯科向波罗的海国家立陶宛发布一项最后通牒，四天之后，又向爱沙尼亚和拉脱维亚发出了同样的最后通牒，并向罗马尼亚边境派兵。在巨大威慑下，三个国家举手投降。仅仅半个月内，苏联兵不血刃地吞并了波罗的海三国以及罗马尼亚的两个省，直接威胁到了希特勒的石油命脉。苏联甚至对罗马尼亚的北布科维纳提出领土要求，这使希特勒大为恼火，因为这个地区是奥地利王国的旧土，而且密集地居住着日耳曼人。希特勒为此专门回顾了 1939 年签订的《苏

德互不侵犯条约》文本，却吃惊地在"秘密协定"中发现了一个重大的漏洞。上面明文写着："考虑东南方时，苏联一方强调它对比萨拉比亚的兴趣，德国一方宣布它对这些地区完全没有政治兴趣。"其中"地区"一词竟然使用了复数形式，这就使得苏联对罗马尼亚的吞并行为完全不受条约的限制。并且大量情报表明，丘吉尔正在极力拉拢苏联参战，斯大林有可能与丘吉尔结成同盟，而从背后直接进攻德国本土。那样的话，德军将在毫无准备的情况下，被动地陷入两线作战的最不利局面。

希特勒的顾虑还不止这些，最重要的是苏联实际上掌握着他的经济命脉。由于战争的规模不断扩大，德国对原料的依赖越来越大，其中相当大一部分如橡胶、石油、铜、铂、锌、石棉、黄麻和钨等原料只有苏联能够供应，而苏联直到当时还根据签订的条约进行供应。如果对英战争没完没了地打下去，而美国的军事实力会像希特勒估计的那样，从 1943 年起充分显示出来，那么德国就要在原料上彻底依赖苏联。这时一旦苏联变卦，就等于对德国釜底抽薪。这样的前景希特勒是无法忍受的。而一旦打败苏联，德国则可以放心地从苏联攫取原料和农产品：乌克兰的小麦，顿巴斯的煤炭和矿石，科拉半岛的镍，高加索的石油，白俄罗斯的木材。德国与反法西斯国家相比，战争潜力上绝对处于下风，随着战争的拖延，美苏两国迟早也会参战，德国将无法抗衡美英苏三大国两个方向的联合进攻，不如先集中兵力，以闪击的方法速战速决地解决掉苏联，就能彻底稳固自己的背后，并且获得极大的资源优势。

希特勒还有一个如意算盘，就是迅速解决苏联能为日本消除隐患，可以大大地支援日本。支援日本就等于牵制了美国，使之无法轻易分兵与德对抗，同时将英国逼上孤立无援的绝路，强迫英国放弃对德国的抵抗，转而与德国合作。如果这个想法实现了，那么对苏作战就不

◄ 在纳粹党内会议上，希特勒公开宣称"苏维埃是德国的最大敌人"。

是两线用兵的险招，而是一箭双雕的妙手。

　　唯一让希特勒犹豫的就是苏联对于他来说实在是太神秘了，德军最高统帅部无从了解苏联坦克和飞机的数量。德国情报部门的报告所提供的数字只是猜测而不是判断，因为这些数字没有确凿的事实为依据。关于苏军平时拥有的或者战时可能组建的陆军师的数目，也没有任何可靠的情报资料。情报部门只是以苏联人口和估计的工业潜力为依据，采取草率而粗略的方法判断敌情的。德军情报部门对苏军最高统帅部和苏军的主要将领几乎一无所知。金策尔主管的情报部门于1941年1月1日出版了一本关于苏联武装部队的手册。德国的这份官方秘密手册很说明问题，它暴露了德国情报部门工作上有很大的缺陷。它坦率地承认，苏军战斗序列方面的情报几乎是空白，敌人究竟有多少个方面军（集团军群）和集团军，也没有确凿的事实能够说清。这份手册没有详细介绍苏军的编制装备，只是泛泛地说一个集团军可能由一个司令部，数个步兵军，集团军属重型炮兵、航空兵与后勤保障部队组成。据推测，给集团军配属骑兵部队或摩托化部队也是可能的。再进一步说，苏联巨大的国土上到底潜藏着多大的战争潜力，苏联军民究竟会表现出多大程度的抵抗，希特勒都无从知晓。但是希特勒却可以找到一个最好的参照物，那就是1939年的苏芬战争。在那场力量对比完全一边倒的战争中，苏军表现得却异常低劣。为了对付仅350万人口，一共只有15个步兵师、60辆坦克的芬兰，苏联动用了50个师、上百万军队、11,000多门大炮、3,000辆坦克和3,000架飞机，却耗时4个多月，伤亡了26万人，是芬兰军队伤亡的三倍还多。这和德军在欧洲的横扫千军势如破竹简直就是鲜明的对比。希特勒想到这些不禁颇感得意，苏联其实是愚昧落后和外强中干的，苏联军队的武器装备远远落后于德军，斯大林的"大清洗"造成了高级军事将领的严重匮乏，军队指挥能力低下。因此，希特勒乐观地作出判断：一旦战争打响"在指挥、物资和部队诸方面，我们将登上有目共睹的巅峰，而俄国人会陷入明显的低谷……俄军将一触即溃。"并且德军一旦入侵，苏联政局必将发生动荡，苏联社会主义很可能就此迅速瓦解。"我们只要踢开屋子的大门，整个腐朽的屋子就会立刻倒塌。"

希特勒的决心一旦下定，就不会轻易改变。他知道这将是一场赌博，但他更相信，最后赌赢的一定是他。

No.2 将帅之争

1940 年 7 月 29 日，一份紧急调令下达到部署在东线的第 18 集团军军部，命令要求暂调 18 集团军参谋长埃·马尔克斯少将往陆军总司令部接受工作，并要求马尔克斯迅速报到。马尔克斯不知这条调令所为何故，是升迁还是惩处，还是有什么特殊任命，他怀着忐忑不安的心情迅速赶往陆军总参谋部。

接待他的是陆军参谋长哈尔德将军。哈尔德首先夸奖了几句他以前的突出表现，然后转入正题："根据元首的指示，我们要为未来在东线针对苏联所可能采取的军事行动，做一些必要的筹划，因此我们需要一些了解东线情况、了解苏联军队和防御情况的人来制订一个行动方案。我认为您是适合的人选，因此把您借调到总参谋部，完全负责制订这个方案的草案。您有什么问题吗？"

马尔克斯并未感到过多的惊奇，因为在战时总参谋部制定的各种作战计划包括草案实在是太多了，很多只是提供一个可能的参考，很多制订出来就束之高阁再也无人问津。因此制订一个东线作战计划并不代表元首已经下了对苏联作战的决心。但他必须了解这个行动的具体要求。他问道："行动开始的时间是何时？能投入多少兵力？行动的规模有多大？目标是什么？"

哈尔德微微一笑，说："行动将在 1941 年春天开始，争取在 1941 年夏秋歼灭苏军主力。最终目标是彻底摧垮苏联，夺取他在欧洲的领土，特别是南部和北部的资源。兵力嘛，投入必要的全部兵力！"

马尔克斯明白了，这和他在东线时就在心里策划过无数遍的行动是完全相符的，要么就不打，要开战就要迅速地歼灭苏军主力，一举打垮苏联。他心里知道，这是一个绝好的机会，他有十足的信心制订好这个计划，凭他在东线长期的观察和搜集情报，凭他对苏联地理的潜心研究，凭他在心里反复思量过的作战方式，一旦元首采纳了他的计划，并且下定决心进攻苏联，他就将在这场战争中成为元首的股肱之臣，元首可能会把他留在身边当参谋，或者派他去指挥一个集团军，甚至一个集团军群。他将作为这场伟大战争的策划者和参与者而被历史记住。马尔克斯立刻坚决地接受了这项任务，并向哈尔德表示一定不会令元首失望。

马尔克斯确实称得上是个战略家，然而在政治上还很幼稚。哈尔德哪里会慷慨地赐给他什么晋升之阶？哈尔德只是想利用他的智慧和谋略，作出一个符合希特勒心意的计划，在元首面前为自己表功。但马尔克斯可是开足了马力，在8月5日就拿出了第一个方案《东线作战方案》。

马尔克斯在方案中分析了德苏两国的力量对比：至1941年春，苏联地面部队可能拥有151个步兵师，32个过时的骑兵师，38个机械化旅；德军可投入的兵力为24个装甲师，12个摩托化步兵师，110个步兵师，在坦克和机械化部队方面占有绝对优势。苏联西部的地形特点和交通状况是：南方河流纵横，道路短缺；北方森林密布，不利机动；中部地势平缓，交通便利，位于这里的明斯克、奥尔沙、斯摩棱斯克大陆桥是装甲部队突向莫斯科的最佳路线。着眼于苏联的气候条件，5月中旬至10月中旬是对苏作战的最佳时间。

根据对客观条件和苏军可能反应的具体分析，马尔克斯的作战方案提出：德军应以莫斯科为主要突击方向，基辅为辅助突击方向，分两路楔入苏联领土；首先将苏联北部的主要兵力歼灭在伏尔加河上游东西两侧，并占领莫斯科，同时以一部分兵力掩护北翼，夺取波罗的海沿岸港口和列宁格勒；强渡第聂伯河后，北路德军应挥师南下，协同南路德军以钳形突击攻占乌克兰；最终目标是进至罗斯托夫、高尔基、阿尔汉格尔斯克一线。战局一

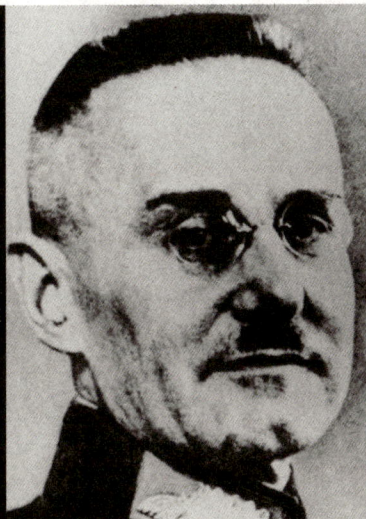

◀ 参与制定"巴巴罗萨"计划的德国陆军参谋长哈尔德将军。

▲ 希特勒与墨索里尼在波兰的第一次会面。

共分为四个阶段，计划以 9 至 17 周完成。

马尔克斯的计划气势宏大，富于冒险精神。但是这个计划却显得有些不够实际，在部队机动、战斗实施和后勤保障等方面缺乏可行性，而且在关键问题上与希特勒的意见相左。希特勒心目中并不认为首都莫斯科是主要的突击方向，他所看中的是资源丰富的北部波罗的海沿岸和南部的乌克兰。

想借助东线计划来引起元首青睐的不只是哈尔德一个人。德国国防军统帅部指挥参谋部参谋长阿·约德尔炮兵上将觉得制订如此重要的作战计划是他们国防军统帅部参谋部的分内之责，不能让陆军参谋部抢了风头。他命令手下的国防处处长伯·冯·洛斯堡中校拟订一份《东线作战研究报告》，并希望能抢在陆军参谋部前面向希特勒提出。9 月 15 日，洛斯堡中校完成了这一报告的拟订工作，并用自己儿子的名字将计划命名为"弗里茨"。看来不只一个人想利用这场"伟大"的战争，在历史上写下自己（或自己儿子）的名字。"弗里茨"吸取了马尔克斯方案的一些主张，同时首次提出：德军应该以 3 个集团军群分别向列宁格勒、莫斯科和基辅等三个方向实施突击。当中路进至西德维纳河以东时，应视情以一部兵力转而北上，阻止苏军东撤。但这个报告仍以明斯克、莫斯科总方向为主要突击方向。

陆军总参谋部发现国防统帅部参谋部也在制定东线方案，并看到了"弗里茨"对马尔克斯方案的改进，于是决定再修改作战方案。陆军总参谋部命令新任该部的第一总军务长弗·保罗斯中将负责修订这个方案。10月29日，保罗斯在马尔克斯和"弗里茨"两个方案的基础上完成了代号为"奥托"的作战计划草案，哈尔德认为这个方案已足够成熟，于是将它呈报给了希特勒。

看到了约德尔呈来的"弗里茨"和哈尔德的"奥托"，希特勒觉得这两个方案都很成熟，而且彼此相差不远。只是在战争的主要突击方向上，二者的意见都和希特勒的最初想法不同。两个计划都从军事战略的角度出发，认为攻克莫斯科是战争的主要目的。然而希特勒却从他的主要需求出发，认为乌克兰和北部的波罗的海沿岸才是真正的战略要点。因此他在原则上同意"奥托"计划，同时提出了：南北两翼"必须快速而且强大"，"莫斯科不是很重要"等修改意见。

在之后进行的很多次计划研究中，希特勒同他的将军们在意见上的不一致逐渐显露了出来。希特勒固执地认为，打击敌人的经济腹地比占领那座政治中心更为重要。确实，他进攻苏联一半的目的就是夺取包括石油在内的重要战略资源，所以他认为应该先以北方和南方为主要突击方向，等夺下了北方的列宁格勒和诸多港口，以及南方的乌克兰，再两路夹击攻打莫斯科。但是实际上战争一旦开始，全部的目标就应该是打败对手，而不是从对手身上抢夺财物，因为一旦将对方打败，全部的财物自然都是你的。如果不能一举击垮对方，就难说结果会怎样。陆军总司令布劳希奇元帅为首的将军们就是从这个简单的战争原则出发，认为一旦在北方歼灭了红军主力，并夺取了莫斯科，就能彻底摧毁苏联的抵抗意志和军事实力，剩下的任务就水到渠成了。克劳塞维茨提出的战争原则之一就是"打击敌人的心脏"。德国和苏联这种强国之间的战争，就像两个高超的拳击手在斗拳，任何一方的一轮重拳过后，对方都必然还以重拳，除非你的第一轮打击就能击中敌人的要害并使之彻底丧失战斗力，不然进攻过后就会出现防御的危机。双方的意见冲突看起来只是一个主要进攻目标的问题，但是在对苏的作战计划中却是一个重要问题。虽然在计划上兵分三路同时进攻北部、莫斯科和乌克兰三个目标，从表面上看希特勒和将军们的矛盾被掩盖了。但是德军元勋毛奇曾提出如下原则："与敌军主力发生冲突后，任何作战计划都不会一成不变。"一旦三路进攻受到阻力时，究竟先以哪个目标为重点就成了突出的问题。在对苏作战的计划中，隐隐约约地蕴含了希特勒和布劳希奇的观点冲突，这也就为日后开战一段时间后的目标争议和命令混乱埋下了伏笔。如果在讨论计划阶段，这两种观点的矛盾能够充分显示出来，并得到解决，也许日后苏德战争的历史就会改写。

No.3 "巴巴罗萨" 出笼

经过几次争论和修订后，12月5日进行的例行秘密会议上，希特勒和陆军的布劳希奇及哈尔德，最高统帅部的凯特尔和约德尔对计划中行动的每一步骤和战术细节进行了归纳，进攻苏联的计划最终确定下来。希特勒在一定程度上接纳了布劳希奇元帅关于主要突击方向为莫斯科的建议，但是在计划中还是体现了两种意见的分歧。随着对整个计划的逐渐深入了解，希特勒对它的态度慢慢由怀疑转为信赖，最终醉心于这样一个伟大的，历史上绝无仅有、无与伦比的庞大战略行动。他将这个计划最终定名为"巴巴罗萨"。"巴巴罗萨"是德国皇帝腓特烈大帝的绰号，这位煊赫一时的君主曾发动大规模的侵略战争，5次入侵意大利。希特勒希望用这位800年前强大帝国缔造者的称呼，为他消灭苏联的"伟大"战争带来好运。第二天，即12月6日，约德尔委托瓦尔利蒙特将军根据会议通过的决定，起草对苏作战的训令。6天以后，瓦尔利蒙特将军完成了这一训令的起草，12月17日将这一训令草稿呈报给希特勒。

希特勒又从头到尾看了一遍这个大胆而凶猛的计划，如果一切能完美地实现，那这场战争所取得的胜利简直是太伟大了，这将成为人类历史的一次转折，更是战争史上的一个奇迹。"只有日耳曼民族的勇士，第三帝国的钢铁雄师，只有我希特勒才配得上这样辉煌的胜利。"他想。希特勒感到，为了实现这样一个完美的计划，冒一些风险，付出一些代价都是完全值得的。

希特勒下定决心，必须动用一切可以动用的力量，集中最精锐的部队，挑选最得力的大将来执行这个充满了冒险精神的计划。空军好说，就让戈林亲自指挥他的骨干航空队。而地面上北方、中央和南方三个方向都必须由身经百战并且能独当一面的人物来领导。谁能担此重任呢？冯·博克算一个，他出身世代簪缨的军人家庭，是少年得志的军事天才，受过一战的洗练，得到过最高勋章，并且对装甲兵闪击战法的了解在高级将领中首屈一指，8月刚刚晋升为元帅，没人比他更有能力指挥最重要的中央集团军群。还有一点特别让希特勒放心，博克元帅对于他有着百分之百的忠心和无上的崇敬。希特勒想到这位他麾下最勇猛、最忠诚的大将，心中颇感得意。还有一位呢？希特勒想起了伦德施泰特。同样在8月刚刚晋升为元帅的伦

▲ 1940 年 8 月，希特勒晋升一批高级将帅为元帅。

德施泰特，目前担任西线总司令。这是一位经验丰富、意志坚定的老将，只是他性格耿直，经常会当面顶撞希特勒。1938 年 1 月，当陆军总司令弗里奇突然被免职时，他求见希特勒，为弗里奇说情，结果自己也被迫辞职。1939 年希特勒重新启用他来进攻波兰，在一系列战役中这员老将显示出了与他的年龄不相称的勇猛和果断。可是在前几天的例行秘密会议上，他又对希特勒进攻苏联的决定提出强烈的反对意见，把气氛搞得很僵。但是希特勒了解这个老家伙，一旦给他下达命令，他就会用全部的智慧和勇气来贯彻希特勒的决心。用伦德施泰特来指挥南方集团军群，应该可以让人放心。

只剩下情况较为复杂的北方集团军群了。希特勒陷入了沉思。从情理上说，最合适担任这一职务的应该就是冯·勒布元帅。他也是功勋卓著的老将，从比利时绕过马其诺防线横扫法国的行动就是他领导的。但是希特勒对于勒布却有顾虑。勒布于 1938 年作为上将退伍，1939 年 8 月复被召回。他是个虔诚的天主教徒，处世谨慎保守，举止安然超脱，对纳粹政权持批评态度。尽管他在军事学方面很有见地，但却像其他老一辈德军将领一样，对坦克部队的特点和能力缺乏全面了解。而最要命的是，他的性格中有一点为希特勒所不欣赏的优柔寡断。虽然也是经验丰富，但是比起博克和伦德施泰特来说显得软了一些。其他人选呢？赖歇瑙元帅勇猛有余，但智谋不足，恐怕不适合担当主帅；保罗斯中将参与了作战计划的制定，应该很了解整个战役，可惜他资历尚浅，恐怕难以服众；冯·屈希勒尔上将也是可用之才，可他也没有足够的指挥大兵团作战的经验。希特勒左思右想，还是决定把这一任务交给勒布，但他心中暗暗盘算，北方集团军可能是三个方向指挥上相对薄弱的一环。希特勒拟定了名单，立刻发出通知，明天就召开军事会议，向他的将军们正式宣布这一计划。

12月18日，在柏林东南的佐森，德国陆军司令部的地下作战室里，希特勒将他的将军们召集在一起，准备宣布他的21号训令，也就是"巴巴罗萨"计划。希特勒站在长形会议桌的一端，背后是整个欧洲的作战地图，上面标明了近两年中德军所有的军事行动和战役成果。希特勒站在吊灯下方，光线从上到下地射在他的脸上，在眼窝下面留下两个黑色的阴影，和他胡子下的阴影配合在一起，远远看去犹如一架骷髅，但从那"骷髅"的嘴里

▲ 希特勒与手下在一次非正式的午餐会上。

发出的声音却是语调激昂、摄人心魄的。"将军们，"他开始走出灯下的阴影，从将军们的背后走向桌子的另一端，"我今天刚刚签署了第21号训令，即对苏作战计划。"他的目光依次闪过布劳希奇和哈尔德的脸，对准了他的亲信高参凯特尔的眼睛，"你们知道，我历来对苏联没有什么好感，它愚昧、落后、保守、自私、贪婪，它的存在是世界的耻辱！"希特勒拍了一下博克的椅子背，眼中放射出火一样的光芒。

"把它从地球上消灭，是我们德意志民族天经地义的责任。"他走到长桌的另一端，突然一个做作的急转身，"它的内部已经腐朽不堪，它的部队已经被证明是涣散软弱的，我原本不想把如此之多的德意志英雄们送上进攻苏联的前线，"希特勒突然昂起了头，挥舞起他的右手，"但是，这是一种责任与使命，只有他们才有资格去根除那成千上万的劣等人！"他开始绕过长桌子，慢慢走回他的位置，"对于这样一场改变第三帝国历史的伟大的战争，能够参与其中是在座的每一个人，包括我本人的荣幸。相信你们已经非常了解我们的'巴巴罗萨'计划，你们中的很多人在过去的日子里为制订这个计划付出了心血，你们中的一些人还将奔赴前线，指挥我们最精锐的部队去将这个计划变成现实。"希特勒走回他的座位并且坐下，沉默了一下，然后说："下面由陆军参谋长哈尔德宣读21号训令，并介绍计划内容。"哈尔德一脸严肃地站了起来，先向希特勒立正行礼，然后打开他厚厚的计划。21号训令全文如下：

领袖兼国防军最高司令领袖大本营国防军统帅部/国防军指挥参谋部/国防处一组1940年12月18日1940年第33408号绝密文件只传达到军官

德国国防军必须准备在对英国的战争结束之前即以一次快速的远征将苏联击败（"巴巴罗萨"方案）。为此，陆军必须动用一切可供使用的部队，但有一个条件，就是必须保卫已被占领的地区免遭突然袭击。对空军来说，重要的是，应抽出强大兵力支援东方战局中的陆军，以期加快地面作战的进程和尽可能减少敌空袭对德国东部地区造成危害。集中兵力兵器于东线的限制条件是：由我方控制的整个作战地区和军备工业区必须得到充分的保护，不可停止对英国特别是对其补给线的攻击行动。在东方战局期间，海军仍以英国为主要作战对象。我军将根据情况在对苏联作战开始之前8个星期命令军队开始集结。准备工作，将需较长时间；如果尚未开始，那么现在就必须着手进行，并且务必在1941年5月15日以前完成。但是，切切不可暴露进攻企图。三军总司令部的准备工作必须着眼于以下各点：

1. 总目标：装甲部队应果敢作战，楔入敌后纵深，歼灭部署在苏联西部地区的俄国陆军主力，阻止其有作战能力的部队撤至俄国纵深地区。然后，务必快速追击以形成这样一条战线：苏联空军从该线出发将不再能攻击德意志帝国的领土。作战的最终目标是，大致在伏尔加河——阿尔汉格尔斯克一线，建立一道针对俄国亚洲部分的防线。这样，以后若有必要，可由空军来摧毁苏联残存的乌拉尔工业区。在此作战过程中，务必使苏联波罗的海舰队迅速丧失其基地，从而也丧失其战斗力。作战一开始就必须对苏联空军进行强有力的打击，阻止其有效地参战。

2. 可能的盟国及其任务：第一，在我作战之两翼，可望罗马尼亚和芬兰积极参加对苏联的战争。当上述两国参战时，以何种形式将其军队置于德国指挥之下，国防军统帅部将在适当的时间进行磋商并作出决定。第二，罗马尼亚的任务是：至少在进攻开始阶段，以战斗力强的部队支援德军南翼的进攻，牵制非德军作战方向上的敌人；此外，在后方地区遂行支援勤务。第三，芬兰应掩护由挪威调来的德军北方集团（第21集群一部）实施展开，并与其协同作战。此外，还担负攻克汉科的任务。第四，至迟自作战开始时起，瑞典的铁路和公路有可能供德军北方集团开进之用。

3. 作战的实施：第一，陆军：在被普里皮亚特沼泽地分隔成的南、北两个战区中，应将主力用于北部。在这里计划投入两个集团军群。在这两个集团军群中，南部集团军群——在整个战线的中央的任务是，以特别强大的装甲兵团和摩托化兵团，从华沙周围及其北部地区实施突击，粉碎白俄罗斯境内的敌军……在南方，提前攻占在国防经济方面占有重要地位的顿涅茨盆地。在北方，迅速进抵莫斯科。攻占该城，意味着政治和经济上的一个决定性的胜利，此外，还意味着苏联丧失了最重要的铁路枢纽。第二，空军：任务是尽可能削弱和排除苏联空军的作用，支援主要方向上的陆军特别是中央集团军群的作战行动和南方集团军群主要翼侧的作战行动。对于苏联的铁路，应视其对作战的重要程度或者予以切断，或者果断使用伞降和机降部队占领其附近最重要的目标（比如渡口）……

4. 各位总司令先生根据本指令而下达的所有命令必须基调一致，即现在的措施是为防备苏联改变其目前对我态度而采取的预防性措施。参加早期准备工作的军官的人数应尽可能少，其他有关人员则尽可能晚些时间参加，而且每个人的活动应仅限于其工作所需要的范围。否则，就有暴露我们准备活动（其实施时间还根本没有确定）的危险，从而在政治和军事上产生极为严重的后果。我等候诸位总司令先生报告你们根据这一指令制定的具体计划。国防军各军种应将各自的准备工作计划（包括时间安排）通过国防军统帅部向我报告。

阿道夫·希特勒

哈尔德又宣布了对三位元帅的任命，然后坐到自己的位置上。会议室内的空气非常凝重，三位得到任命的元帅都看着地图默默沉思，其他将军们有的在窃窃私语，却没有人发言。"我的将军们！"希特勒又一次站了起来，会议室立刻恢复了安静。"我再重复一遍，三个方向的进攻都要毫不留情！不过中央集群要协助北方集群和南方集群夺取列宁格勒和基辅，然后会师来攻打莫斯科。博克元帅，你要以最强大的打击去砸烂苏联这个最重要的交通和国防工业的中心。"他尖利的目光直接刺到了博克的眼中。"大自然是残酷无情的，因此，我们也必须残酷无情。让我们把所有旧世界的那些道德、怜悯、惯例、规范等伪善的假面具统统扔到一边去吧！我们要按我们的方式征服世界！我们要隐秘地进行一切准备工作，并且要继续遵守互不侵犯条约，保持同苏联的友谊，要尽力制造各种假相去迷惑莫斯科，等他们明白过来的时候，也就是炸弹落在他们头上的时候！"

希特勒狂笑起来："'巴巴罗萨'，世界会大吃一惊的！而苏联，将在3至6周内，完蛋！"

第三章

明修栈道，暗度陈仓

　　为了掩盖"巴巴罗萨"计划的准备工作，希特勒采取各种
方法欺骗舆论，还把外交谈判桌变成了柏林剧院的"舞台"。
他导演了一场战争史上规模最大的"暗度陈仓"。而由于各种
各样的原因，一心只想着避免战争的斯大林，丧失了一系列识
破对手诡计的机会。于是，直到300万德军在边境线上完成集结，
苏联还几乎没有察觉到危险的迫近。战争尚未开始，苏联就已
在不知不觉中走到了悬崖的边缘。

No.1 一次完美的"秀"

1940 年 11 月 12 日,柏林已是深秋时节,黄叶被秋风卷着,瑟瑟地在地上打着滚,天空透过半枯的树枝露出颇显阴郁的蓝色。柏林火车站的站台上,一个站台和一条通道已被戒严,几辆国宾车队的梅赛德斯-奔驰牌轿车停在站台边,车前面站着一群身着西装的高官,中间一位就是德国外交部长里宾特洛甫,他出现在这里,是为了迎接一位来自莫斯科的特殊客人,并按照希特勒的安排,演一场欺骗小孩似的把戏给他看。

随着一声汽笛,专列驶进了站,弥漫的蒸汽立刻挡住了里宾特洛甫的视线。等列车停稳,雾气消散,一队人从车厢里出来。紧跟在几位随员身后,一个矮矮胖胖的老头缓步向他走来,这就是本次访问柏林的全权代表,苏联外交人民委员莫洛托夫。此人其貌不扬,细细的脖子,俄罗斯人典型的稀疏头发,显得额头宽阔且略向前凸,带着一副金丝眼镜,看起来像个温和的老教授,但与他打过多次交道的里宾特洛甫深知,这可是个不好对付的厉害角色。

莫洛托夫是布尔什维克的元老级党员,意志坚定、精力充沛而且思维敏捷,在外交场上从来眼里不揉沙子。去年刚刚出任外交人民委员的他,就代表斯大林与德国签订了《苏德互不侵犯条约》,也正是那次莫斯科之行,让里宾特洛甫充分领教了这个苏联老头的狡猾和坚定。里宾特洛甫知道,这次的接待和谈判对于探测苏联的战争态度与准备情况,特别是对于掩盖"巴巴罗萨"计划具有重要的作用,一定要表演得逼真,不能有半点马虎。

看到莫洛托夫已经走近,里宾特洛甫迎上去就是一个拥抱,不等对方说话,就连续几句嘘寒问暖,仿佛是真正的朋友见面。"什么时候开始会谈?""何时安排我见你们的元首?"莫洛托夫的反应则显得不冷不热。莫洛托夫知道,这次来访要向希特勒提出的问题将是十分尖锐的,不宜一上来就把气氛搞得火热。

希特勒对于武力进攻苏联的决心早就已经下定,他的陆军参谋部和国防军统帅部的参谋们早在两个月前就开始着手制订具体的行动计划。这次邀请苏联代表团来柏林谈判,完全是一次作秀,是一场给对方看的欺诈表演。就在莫洛托夫率领着代表团乘火车到达柏林的当天,希特勒下达了经过一周的准备而制定的秘密指令。指令上说:"与俄国的政治谈判已开始,目的在于摸准苏联在未来这段时间里会持什么态度,不论会谈结果如何,为东线所做的一切准备工作要继续进行。一旦军队的基本行动计划呈来,经我批准,随即将发布指令。"

莫洛托夫到达柏林之后的两天,可以说是听尽了各种各样的恭维话,享受了一切隆重的款待。然而随之而来的谈判却让这位外交老手看出了一些破绽。在和里宾特洛甫进行的预会谈上,这位德国外交部长就对莫洛托夫发表了一番慷慨激昂的演讲。他对莫洛托夫说:

世界上没有力量能够改变大英帝国的末日业已开始来临这一事实。英国已被击败，最后承认失败只是一个时间问题。它也许不久就要认输，因为英国的形势正日渐恶化。当然，德国也欢迎及早结束战斗，因为在任何情况下，它也不愿意不必要地牺牲人的生命。即使英国不在近期内打好主意，承认失败，那他们来年也一定是要求和的。德国正在夜以继日地继续轰炸英国。德国也将逐步充分利用其潜艇，使英国遭受严重的损失。德国认为，英国也许会由于这些袭击而被迫放弃斗争。在英国，已显然有某种不安的心情。看来事情将采取这样的解决途径。但是，如果目前的攻击方式还不能迫使英国屈膝的话，那么德国一到气候条件许可，就要坚决进行一次大规模的进攻，从而彻底摧毁英国。到目前为止，这种大规模的进攻之所以仍未能进行，完全是由于天气不良的缘故……

英国企图单独或在美国的支持下，在欧洲大陆登陆或采取军事行动，是从一开始就注定要彻底失败的。这根本不是一个军事问题。这一点，英国人还不了解，因为在大不列颠显然还存在着某种程度的混乱。再则，这个国家是由一个名叫丘吉尔的人领导的，此人在政治和军事上都是外行，他以前的事业，每到关键时刻都彻底失败，这一次还要失败。再说，轴心国国家已经在军事上和政治上在欧洲压倒英国。甚至法国——法国业已战败，而且要为战争付出代价——也接受了这一原则：法国将来绝不支持英国和唐·吉诃德式的非洲的

▲ 1940 年 11 月，希特勒邀请苏联外长莫洛托夫到柏林商讨苏联加入德意志联盟事宜。

征服者戴高乐。轴心国家由于具有异常强大的实力地位,因此,它们所考虑的,不是如何打赢这场战争,而是如何迅速结束这场已经打胜的战争。

对于里宾特洛甫这一套吹嘘,莫洛托夫并没有在意,他关心的是与希特勒的会谈,以及当他提出斯大林交代的问题时,希特勒会如何反应。

午餐后,元首接见了这位苏联使节。同里宾特洛甫一样,希特勒不等莫洛托夫提出正题就开始了大段独白:英国已被击溃,最后投降只是时间问题,德意联军在非洲也取得了辉煌的军事胜利,因此轴心国的胜利指日可待了,现在已是应该考虑胜利后的世界安排问题了……希特勒不失时机地卖弄起了演技:"亲爱的人民委员,请替我转告斯大林先生,如果俄国想在英国土崩瓦解的时候分享战利品,那么现在是宣布参加德、意、日三国公约的联盟的时候了。我甚至替斯大林先生考虑过,鉴于俄国目前的处境,不一定公开地参加军事同盟,但是我非常理解你们一直希望得到通往公海的不冻港出海口的愿望。我建议斯大林先生可以考虑在适当的时机,向南方往波斯湾和印度扩张,而我们德国,则向非洲扩张。关于俄国在达达尼尔海峡的利益,我们也可以在胜利后修改 1936 年的蒙特勒协定,使公约更符合你们的利益。"希特勒手舞足蹈地长篇大论着,莫洛托夫坐着不动声色。这与其说是会谈,不如说是希特勒的独角戏,莫洛托夫只是一个坐在舞台上的观众而已。他心里很明白,希特勒是在白纸上画一个美丽的奶油蛋糕给他看,希特勒根本就不是在会谈,他根本就没有什么要谈的。但是莫洛托夫知道,他此行的目的其实也不仅是谈判,更主要的是探测希特勒对苏联的态度,判断他会不会,会在何时对苏联用兵。

第二天的会谈,希特勒几乎像个话剧演员一样,想把昨天的"戏"重复一遍。但莫洛托夫要主动出击了,他单刀直入地提出了关键问题:"总理先生,我觉得我们应该讨论一些更加具体的问题:德国军事代表团在罗马尼亚干什么?为什么不按照我们的《互不侵犯友好协定》先进行协商就派出它?同样的为什么德国军队会出现在芬兰?为什么也完全没有和我们协商?"

这是莫洛托夫早就想好的一计,他想用这些最尖锐的问题刺激一下这位暴躁的元首,以使他暴露出心目中对苏联的真实态度。

希特勒果真生气了,他坐在那儿,小胡子微微颤动。很长时间以来,周边国家的元首也好,外相也好,哪个不是对他恭恭敬敬,甚至低声下气?从盟友墨索里尼到敌对国英国的张伯伦。今天这个俄国佬竟敢如此强硬,希特勒不由得怒从心头起。但是这种情绪只持续了不到半分钟,想到他彻底征服苏联的决心,这位高明的"演员"立刻恢复了满脸的笑容:"这是小事一桩!您大可不必往心里去。还是让我们把注意力集中到更大的问题上吧。"

希特勒又开始了他的激情澎湃的演讲，描绘胜利后分给苏联的"画饼"。但是莫洛托夫也明确地表达了苏联的立场：《三国条约》中欧洲和亚洲的新秩序意味着什么，在这个新秩序中要苏联扮演什么角色？这些问题，在柏林会谈和德国外交部长预计的莫斯科之行中必须加以讨论。而且，关于苏联在巴尔干和黑海的利益，关于保加利亚、罗马尼亚和土耳其，也有些问题需要澄清。如果苏联政府能够获得关于以上各项问题的解释，它也许更容易对元首的问题提出更明确的答复。苏联对欧洲的新秩序表示关心，特别是对这种新秩序的进度和形式表示关心，它也想了解所谓"大东亚圈"的范围。

第三天，当莫洛托夫在里宾特洛甫的办公室和他会谈时，突然响起了刺耳的空袭警报。这位德国外长立刻失去了镇定，迅速地挤出小门，拼命往防空洞里钻。进入防空洞后，里宾特洛甫渐渐恢复了平静，他又开始了对莫洛托夫的作秀："现在在这儿，就只有我们两个人了，我们为什么不划分一下呢？"莫洛托夫说："英国的意见呢？""英国，"里宾特洛甫说，"英国已经完了。它再也不能起大国的作用了。"莫洛托夫说："如果英国完了的话，我们为什么到这个防空室来呢，是谁在我们头上扔炸弹呢？"

坐在颠簸的火车上，莫洛托夫抽着烟斗，看着窗外德意志的一片片农田、村舍，他默默回忆着这几天来的所闻所见。他知道，回到莫斯科，斯大林最关心的一个问题就是："根据这次会谈，您认为希特勒会不会，会在何时进攻我们呢？"他应该如何回答呢？头脑中的各种头绪理来理去，还是不能得出一个确定的答案。里宾特洛甫的异常热情，希特勒的大肆吹嘘，这些肯定都是表面文章，但是他们在掩盖什么呢？莫洛托夫突然想到，当他对希特勒毫不客气地抛出最敏感的几个问题时，一瞬间，希特勒的眼中露出的些许凶光，还有他颤动的小胡子！没错，他们在演戏，希特勒对我们怀有深重的敌意，所谓重新瓜分世界，分享德国胜利的果实，根本就是希特勒的诱饵。他们言不由衷地表示愿意我们加入轴心国，但对于芬兰和罗马尼亚有德国驻军一事却闪烁其词，这正说明他们心怀鬼胎。希特勒想用一张可望而不可即的空头支票转移我们的注意力，松懈我们的警惕和提防。可以确定，德国一旦从西欧、巴尔干和非洲腾出手来，必然撕碎和约，对我们发动进攻！

然而那将会是在何时呢？作为希特勒，只能有两种选择：一是在登陆进攻英国之前，二是在彻底打败英国之后。虽然希特勒和里宾特洛甫都在吹嘘"英国已经完了"，但在莫洛托夫访问的短短几天里，就遇到了三次英国空军轰炸柏林的空袭警报。其中在里宾特洛甫办公室的那次，那位外交部长慌张地跑进地下室，在黑暗的楼梯里，动作却非常熟练，显然那里的防空洞对他来说已经非常熟悉了。也就是说，英国仍然对德国构成严重的威胁，希特勒在西线的目的远远没有达到，他敢在这种情况下置西线的威胁于不顾，

▲ 1940 年 11 月，访德的莫洛托夫在翻译的帮助下与希特勒会谈。

掉头来打我们吗？这样很可能会造成两线作战、腹背受敌的不利局面，这可是兵家大忌。何况第一次世界大战德国就是输在两线作战上，希特勒怎敢冒此风险？但是我们也不能用正常的思维来揣测希特勒……一切还不清楚，但是莫洛托夫知道，他的领袖斯大林可不会满意这种模棱两可的报告。火车驶进苏联国境了，他必须拿出一个较为清楚并且相对合理的结论，才能向斯大林交代。

莫洛托夫对希特勒有相当的了解，这是一个阴险狡猾的人，他可以郑重其事地给你一连串的假相，也可以用十二分的真诚口气，对你胡扯上一大通。连他的部下都把他看成一个演员，他的一言一语，一颦一笑都可能是事先设计好的表演，别奢望能在和他打交道时摸到一点漏洞，因为那很可能是他给你下好的圈套。但莫洛托夫深知希特勒是一个贪婪的人，他不会眼看着英国这块即将到口的"肥肉"又从嘴边溜掉，更不会大方地跟苏联谈瓜分胜利果实，这一定是希特勒的稳军之计！也就是说，可能他还不想将与苏联的关系搞僵，他进攻苏联的机会还未成熟，甚至他还要利用苏联来牵制英国和美国。"很可能是这样的！"经过一路的冥思苦想和矛盾斗争，他终于有了一个比较说得过去的结论，或者说他不得不下出这样一个结论。但他已经说服了自己，他已经准备好了充足的理由，来向斯大林表达他的观点。

在莫斯科，斯大林已经做好了迎接莫洛托夫的准备。鉴于这次会谈的意义特殊，斯大林在听取莫洛托夫的汇报时，还找来了国防人民委员铁木辛哥元帅和苏军总参谋长朱可夫大将等人。莫洛托夫已经想好了如何证明他的判断，他从讲述在柏林遇到的三次空袭开始，谈到了德国人的敌意，以及希特勒对斯大林提出的问题的回避等等。最后，他总结道："德国还远远没有解决英国这个麻烦，同时鉴于丘吉尔政府特别强硬的态度，德英两国不太可能达成媾和。我们知道希特勒在大西洋上的海战和在海峡上空的空战中都没有得到半点便宜，在没有制海权和制空权的情况下登陆英国，将不是一个能迅速完成的作战。我判断德国至少在明年（1941 年）冬天之前不会进攻我们，如果他不想两线同时作战的话。也就是说，不会在占领英国之前，发动对苏战争。"

听完他的汇报，斯大林沉默了好一会，他用烟斗的尖嘴梳理着胡子，看着窗外树上的雪挂若有所思。然后他慢慢地将目光对准莫洛托夫，用一种征询意见的语气缓缓说道："德国人会来进攻我们，这一点我们早就预料到了。但是，我们现在还没有做好充分的准备，我们的主力部队很多还编制未满，我们的摩托化部队还刚刚组建，对部队的机械化改造还需要两年左右的时间才可能完成。我们能够和德国人抗衡的先进战斗机和坦克尚没有大量装备部队，要做的事太多了……莫洛托夫同志，如果像你说的，希特勒不会在结束对英作战之前进攻我们，这就给我们多少留下了一些准备的时间。要知道越早开战对我们越不利。但是这个时间有多长呢？一年还是几个月？我看我们必须用我们的办法尽力拖延这个时间。我们不应该去刺激希特勒，更不能授人以柄，说我们首先破坏了互不侵犯条约，否则当希特勒感到我们已经准备对他开战时，他就会不顾一切地缩短给我们的准备时间。也许他会铤而走险，不待攻下英国就来对付我们，这是对我们最不利的情况，我们要竭力避免。必须减少可能刺激德国的军事行动，不能让希特勒有任何机会怀疑我们在进行军事准备。"

斯大林理清了他的思路，立刻作了决定。他对铁木辛哥和朱可夫说："从今天起，边境地区的部队调动和向边境地区的部队调动，一律都要经过我的批准。"

朱可夫没有说什么。在会议结束后，他同铁木辛哥元帅同乘一辆车。汽车驶出克里姆林宫，朱可夫仿佛自言自语地说："他心里只有一个念头：避免战争。可是明知道敌人要进攻，却反而采取保守的措施，这不是等于把赌注押在敌人身上吗？"铁木辛哥望着车窗外，一句话都没有说，许久，低声吐出一句："我们还是相信他的判断吧。"

No.2 瞒天过海的阴谋

1941 年的春天，德国西部和波兰交界的铁路线上，突然出现了一些奇怪的列车，这些列车不是民用客车，又没有军用列车的标志，除了为加水而作短暂的停留，中途不停靠任何车站。紧闭的铁皮车厢里看不出装的是什么东西，平板车上的装载则全都蒙着厚厚的苫布。这样的列车有时一天多达几十列，自西向东驶向边境。附近的居民不知道这些车上装的是什么，有人说是运往东线的战略物资，有人说是支援波兰的机器设备。直到有一次，一列火车停站加水时，一节车厢也许是为了通通风而把门打开了一道缝，车站上的工人向里面一看，里面竟然装满了德军士兵。

为了调动执行"巴巴罗萨"所必需的部队，德军在1940年就开始采取了隐蔽的转移行动。希特勒深知，要完成"巴巴罗萨"计划所要求的隐蔽性和突然性，就必须在外界不知不觉的情况下，将庞大的部队集结到攻击出发地。希特勒在向他的将军们讲述"巴巴罗萨"计划时，就反复强调："至关重要的是切切不可暴露进攻企图。过早暴露我们的准备……会造成政治和军事上的最大劣势。"为此，他尽量延缓大批主力部队的东调。直到5月份，预定参加进攻的军团还有很多仍留在西线，一部分步兵团仍在巴尔干作战，一些基干步兵师在海峡一侧制造准备登陆英国的假相，大量坦克师和摩托化步兵师仍留在德国，以免引起苏联的戒心。德军为迷惑敌人侦察机构而散布消息，把东线开始的战略展开说成"为隐蔽在英国登陆而采取的重大措施"。直到进攻日一个月前，即5月22日，东线只有70个步兵师、1个骑兵师和3个坦克师。到6月22日（进攻日）前，就已变成了81个步兵师、1个骑兵师、17个坦克师、15个摩托化师、9个警察师和警卫师。在接近地还有担任统帅部预备队德22个步兵师、2个坦克师、2个摩托化师和1个警察师。同时调集的3个航空队共有轰炸机1,300多架。希特勒命令调动部队必须使用和平时期的民用列车时刻表，并且伪装成普通货车，调到前线的部队全部保持无线电静默。抵近边境之后，部队就必须不紧不慢地行进，有时白天隐蔽在树林里，晚上行军。

即使这样，要完全隐蔽东线的增兵行动还是很难的，希特勒采用明修栈道暗渡陈仓的方法来掩盖战略机动，为一些不得不暴露的军事行动制造借口。希特勒大造准备进攻英国的声势，特别制订了两份对英作战计划：一份代号为"鱼叉"，该计划声称，对英国的行动将在1941年8月开始；另外一份是代号"鲨鱼"的计划。德国调集了400多架轰炸机，不断对英国进行轰炸，给人的感觉是德军的空军主力正在全力以赴进攻英国。德国空军的主要指挥员也频频在布鲁塞尔的德国空军司令部里露面，故意给敌人造成假相。

英国对德国的大规模空袭也被希特勒用来作为进攻苏联的掩护。1940年8月，德军最高统帅部下达了代号"东方建设"的命令，目标是在英国空袭范围以外的临近苏联的东部地区建立德军修整补充的后方基地。借此机会大量组建和训练新部队。为了便于部队的机动，德军扩建了东部的铁路网，改进通讯联络设施，建设兵站。至1941年夏天，德国完成了东部地区铁路干线的修复工作，使其通行能力提高到每昼夜对开600次列车。新建了从德国中部到东普鲁士、波兰和奥地利的公路干线，在罗马尼亚境内筑路修桥。这些措施按照德国的宣传，仿佛是为在东线修整的部队能快速投入西线作战而采取的，其实则正好相反，是为了将仍然滞留在西线和德国的主力部队能在进攻开始前短时间内运抵对苏前线，并在战争开始后不断运送给养和辎重。德军在德国和波兰境内新建和改建了机场 350 个、降落场 210 个，在罗马尼亚和匈牙利境内也修建了一些机场。这些大举动的战备措施为将来德军的机动以及战争的深入、战线的推进、后勤的保障做好了准备。难怪希特勒在 1941 年夏天开战前骄傲地对部下宣称："与苏军相比，我们的准备工作要充分得多。"

1941 年 5 月以后，部队大规模地开赴东线并进入战前的集结地。5 月 25 日至 6 月 22 日期间，就有 75 个师被派往波兰，如此大规模的调动不可能完全瞒过德国和苏联的老百姓，于是德国开始制造混淆视听的舆论，为部队调动制造合乎情理的借口。例如给一些部队下达的命令是保卫边境，而另一些命令是到后方修整，以及在波兰进行针对英国的空降登陆训练。为了掩饰德军部队的调动行动，德军最高统帅部宣传部和外国谍报组共同负责计划并指导对外界的欺骗。宣传处的任务是引导德国公众舆论，使其相信德军最高统帅部准备进攻英国。宣传处使用各种大众媒体和人际传播方式散布大量精心设计的假消息。

对公众的无线电广播中，德国人表现出欺骗方面的狡诈和丰富的想象力。例如，在很

▼ 希特勒大耍政治手段，一方面与苏联签订合约，一方面在国内加紧战争宣传。

多由听众点播的音乐节目中，德军官兵会点播歌曲，宣传处就利用这个机会，创造出一些假的蛛丝马迹，让人们相信，德军精锐部队仍在西线，而东线是素质较差的防御部队。例如在节目中加入这样一条点播："近卫军官兵寄给他们受伤的连长三瓶'亨尼西'酒，祝他早日康复。"近卫军是武装党卫军的精锐部队，"亨尼西"是法国名牌白兰地。收听到这条广播的德国民众和外国情报机构都不难推断出，帝国的精锐部队党卫军在西线，也许在法国。纳粹的宣传部长戈培尔曾亲自对他的宣传部说，计划中的东方战役取消了，由于入侵英国迫在眉睫，他们现在必须为这个可能发生的事件做好准备。通过党的渠道放出一连串谣言，使德国家喻户晓，什么斯大林要访问德国啦，什么他已同意把乌克兰租借给德国99年啦。希特勒抵达柏林那天上午,警察局搜查了首都报纸销售处，没收了最新出版的《人民观察家报》，但是，也有相当多的份数被故意漏过了没收，因为人们知道了在戈培尔的一篇题为《以克里特为榜样》的重要文章中，他无意地流露出两个月内英国将遭到入侵以及"丘吉尔先生将转喜为忧"。于是很多外国情报机构不遗余力地搜集居民手中零散的报纸，并将之当作有价值的情报。可是戈培尔并没有因这次"失误"而失宠——第二天又见他在希特勒官邸为其造谣成功而开怀大笑，元首每次听到他精明的宣传部长讲到筹划的新奇细节时，不是捧腹大笑，就是拍起了大腿。

这可称得上是世界军事史上最大的一次"明修栈道,暗渡陈仓"的欺骗行动。在几个月中，德军将152个师，3,000多辆坦克的兵力调集到前线并完成战役展开，也就是调动了全国70%的步兵和90%的装甲部队，而没有引起敌人的警惕，真是一次成功的"瞒天过海"。

No.3 对危险浑然不觉的斯大林

1939年4月15日，在苏联边境的罗夫诺民用机场，一架小型飞机突然出现在上空。飞机绕了几个弯，逐渐降低了高度，黑色的机翼上分明地涂着法西斯十字。机场的苏联工作人员却丝毫没有感到奇怪，因为这种事情经常发生！

在苏德签订互不侵犯条约之后，苏联边境许多军区的防卫工作疏忽到了令人吃惊的程度，各军区领导人几乎没有战争迫近的危机意识，部队完全处于平时作训状态。一些空军部队因为军用机场生活条件差，就将飞机全都停驻在附近的民用机场。密集的战斗机就裸露在民用机场毫无遮蔽的停机坪和跑道上。更严重的是，由于有规定不得向进入领空的德国飞机开火，渐渐地空军对入侵的德国军机已经麻木了，不但毫不防范，甚至经常默许德国飞机降落在停满了苏联战机的民用机场上。因此今天这架小飞机的突然出现没有引起任何人的惊讶。

德国飞机将机头对准跑道，看来是准备降落了。机场指挥台丝毫没有办法阻止它。附近空军的一位少校中队长早就恨透了这些随意入侵祖国领空，还大摇大摆地降落在苏军机场上的德国飞机，多少次他都想在空中开炮把他们揍下来，可是违反命令的后果是很严重的。他看到飞机停稳了，立刻迎上前去，想用俄语骂骂这帮该死的德国人，管他们听得懂听不懂，骂人总不违反命令吧！

两个飞行员从机舱里爬了出来，他们显得有点紧张。少校带着几个人迎了上去开始说俄语，可这两个人完全听不懂，只是用德语重复着"发动机""熄火"什么的，看来他们是因为故障才迫降在这里的。"去看看他们的发动机！"少校命令一位机械师。两个德国人一见机械师走向他们的飞机，立刻变得神色慌张，其中一个跑过去拦阻，用德语说："我们自己修！"少校感到这其中恐怕有问题，他仔细打量这架飞机，突然发现机身下面有一个照相用窗口，这不是一架普通的战斗机，而是一架改装的侦察机！它来这里会不会有什么特殊的任务？少校立刻下令："逮捕他们两个！看押起来！给我仔细检查这架飞机！"

经过一番检查，发现飞机上有已经被撕毁的苏联西部地区的飞行图，还有侦察照相机和被曝光的胶卷！显然它不是误入苏联领空，而是来执行侦察任务的，意外地出现故障迫降，匆忙中毁掉了地图和胶卷。少校感到问题的严重性，立刻将这些情况汇报了上级。

情况被一级级的汇报上去，几天后没有任何消息。最后命令终于到了，却只是重申了斯大林的命令："不得射击在苏联上空飞行的德国飞机！"并且要求："立即释放驾驶员，派专人把德国士兵和飞机护送到国境，直接交还德国。"而在此前后，苏联发现了200余起德国飞机侵犯苏联领空的事件，但均未作出积极反应。

虽然德国采取了各种方式隐蔽它调兵东线的行动和各种进攻苏联的军事准备，但是150个步兵师300万部队的调动和集结不可能完全悄无声息，特别是后期的进攻前的战略展开，是无论如何难以掩盖的。希特勒的欺骗手段再高明，也还是有大量的情报被苏联获得。然而斯大林对这些情报的判断却是难以想象的固执。

3月20日，美国向在华盛顿的苏联大使提供了一份秘密报告：希特勒将在5月份进攻苏联；

4月下旬，在驻德国的美国大使馆举办的聚会上，一位德国空军军官直接面告苏联大使馆一秘，德国的空军和陆军主力部队已经调往东线；

5月15日，苏联情报员理查·佐尔格在日本东京向莫斯科报告：德军将在6月20日前后对苏联发动不宣而战的突袭；

5月底，基辅特别军区情报处处长邦达列夫报告新型坦克不断开往苏联边境的重要地区，德国针对苏联的军事准备最近显得更为紧张；

5月底，两个奥地利共产党员跑到苏联，描述了德军在进行大规模战争准备的情形；

6月，美国驻苏联大使亲手将一份文件交给苏联外交人民委员莫洛托夫，警告德国将在两星期内进攻苏联；

6月，中共打入德国驻华大使馆的间谍截获了德国将进攻苏联的秘密情报，中共电报斯大林：德国将在6月下旬进攻苏联。

像这样的情报几乎是数不胜数，实际上几乎整个欧洲都在谈论希特勒将对苏联用兵。各国政府都相信，希特勒在东线集结重兵，绝对是意在东犯。可是只有斯大林一个人不这样认为。他固执地坚信德国不敢冒两线作战的风险，也固执地坚信莫洛托夫从柏林带来的虚假的信号：德国不会在结束对英作战之前进攻。

在1941年战争开始前最后的时间里，斯大林近乎偏执地坚持着一个追求：防止战争。为了达到这一目的，其他的一切都退到了次要地位，甚至为战略防御而进行的必要军事准备。这位领袖之所以固执，是源于他的自信，他不能承认自己曾犯过任何错误，不能推翻自己曾做过的任何判断。这种固执麻痹了他的大脑，而由于他在苏联的集权专制，使得他一个人大脑的麻痹，也就等同于整个苏联大脑的麻痹。就这样，苏联一再错过为战争打响进行必要准备的时机。而国内进行的一切战争准备都是以斯大林的判断——战争可能会在1942年春天之后开始——而进行的。

1940年8月，在最高苏维埃第七次会议上，斯大林就提出"要加强内外一切阵地"，并号召全国人民竭尽全力"保证本国国防威力和经济实力进一步更加迅速地发展"。为达到尽快加强经济实力、储备重要战略物资的目的，苏联要求广大妇女参加工业劳动，并延长了劳动时间，这样就大大扩充了劳动力。到1940年，苏联的铁、煤、石油的产量都大大超过德国，钢产量与德国相近。应该说经过多年的社会主义改造和建设，代表战争潜力的工农业基础，苏联已经超过了德国。同时苏联也在不断地增加军费，1933至1937年，苏联国防开支平均只占整个国家预算支出的12.7%，1938年到1940年这一数字提高到了26.4%，1941年的计划中更是提高到了43.3%。军费中很大部分用于军事装备的研制生产，1941年夏天，军用飞机年产能力已经比德国高了50%，但是由于时间太短，新型飞机的装备数量还很少，远远达不到与德国作战的需要。而陆上作战中最为重要的武器——坦克的研制，应该说苏联的科技研发水平不次于德国。苏联1939年到1940年研制出的新式中型坦克T－34和重型坦克KV都具有良好的性能，大大优于德军装备的3号坦克，与同期德军研制的4号坦克和"虎"式坦克相比也毫不落后。但是投入批量生产实在是太晚了，到 1941 年上半年，只生产出 KB 坦克 639 辆，T－34 坦克 1,225 辆，而部队使用的主力坦克依然是苏芬战争中已被证明有严重缺陷的 T－26 与 T－28 以及落后的 BT 系列坦克。

在 1940 年铁木辛哥元帅担任国防人民委员之后，鉴于 1939 年苏芬战争中的教训，苏联部队进行了大规模的改编和改装，特别是进行机械化部队的改装。1941 年春天，决定组建 20 个机械化军，但是由于武器装备生产跟不上，所以直到开战也未改装完毕，很多机械化旅只有几辆坦克，完全没法进行真正的机械化作战。苏军战时的编制是每个师 14,483 人，但是由于对战争开始时间的估计错误，很多师仍保持着平时的不满员编制，只有 7,000～8,000 人，甚至很多部队做不到每个战士都有枪，重型武器更是严重不足。在这种情况下，斯大林却将未来战争的模式判断为苏联主动向德国发动进攻，主要的战争是在异国的土地上进行的。所以苏军主力野战部队进行的有限的演习和战法研究也都是准备在国境之外作战，而对于国土防御战的准备更显不足。

应该说斯大林和苏联政府对反侵略战争做了大量的准备，但是在判断开战时间和作战方式上却出现了错误，一方面使很多打算做的工作没有完成，一方面很多准备工作事倍功半，这就给德军入侵后苏军的作战埋下了隐患。麦克阿瑟有句名言："准备是成功与胜利的关键！"在战争准备方面，掌握主动权的希特勒领先了一大步。

No.4 最黑暗的黎明

希特勒将进攻的日期定为 6 月 22 日，这是颇动了一番脑筋的。首先这一天是一个星期天，苏军仍在执行着和平时期的作息制度，因此这一天只有一些低级人员在值班，大部分官兵都去度周末了。其次，这一天正好是夏至后的第一天，是一年中白昼最长黑夜最短的一天，这样在战役最初的关键几天里，德军每天差不多可以战斗 18 个小时。

从 5 月份起，希特勒和他的将军们进行了对"巴巴罗萨"计划最后的核定，每一个战役细节都被重新考核。要决定的最后一个问题就是确定总攻发起的确切时间，这必须精确到分钟。因为在一条长长的战线上开展的进攻，很可能因为行动不统一而暴露意图，丧失突然性，如果处理不得当，可能会导致几个月来秘密调动和掩护展开的一切努力付之东流。庞大的部队何时向发起进攻的位置开进，也必须有明确的规定。因为进攻发起线可能距离苏军边境工事只有几十米，只要有几辆装甲车迷途闯入苏军营盘，就有可能泄露整个作战意图，从而引起苏军主力收缩防守，那样的话，突袭的效果会大打折扣。

在"巴巴罗萨"开始之前的最后几个难挨的日子里，希特勒失眠的老毛病又复发了。

到了晚上,他躺在那里睡不着,便问自己,在他的宏伟计划中,可有什么漏洞能让英国人钻空子呢。他相信已堵住了所有的漏洞。他曾派戈林的代理人米尔契广泛地视察了德国防空工程,他曾下令对荷兰的沿海工事予以紧急增援;他怀疑伞兵部队在克里特获得成功可能刺激英国人,使得他们一等德军的手脚捆在苏联上,就对挪威海岸或两个海峡岛屿做同样的冒险。因此,他曾命令增加岛上的驻军并派去大量的坦克和大炮进行增援,这样做还因为他打算在最后与英国签订和平条约以后,把根西岛和泽西掌握在德国手中。希特勒每天和希姆莱、莱伊、赫维尔、里宾特洛甫还有赛斯·英夸特这些尽职尽责但又疲倦困乏的亲信们讨论土耳其、苏联,战争和作战的问题,常常熬到清晨三四点钟,尽管如此,他也要服镇静剂才能入睡。

公告于 20 日秘密印发给部队。但是这一公告的内容一定大大超过了普通士兵的理解力。这是自 1939 年战争开始以来,解释得最为详尽的德国外交政策,在排版很密的 4 页公告中,有几行是值得注意的。在这几行中希特勒甚至声称,德国人民从未对俄国居民心怀恶意。"但是 20 年来莫斯科的犹太布尔什维克统治者不仅竭力使德国而且使整个欧洲燃起战火。"希特勒说,他从来没有像克里姆林宫用颠覆的手段试图使欧洲的其他部分转而信仰共产主义那样,也试图把纳粹思想输入俄国。希特勒过于简单地欺骗士兵们,甚至有点冷嘲热讽的口气:"我的士兵们,你们自己知道,几周之前,在我们东部边境上还没有一个装甲师和机械化师。"这个具有历史意义的公告是这样结束的:

东方前线的士兵们,此刻,世界上从未见过的如此规模的兵力集结已经完成。与芬兰的师联合在一起,我们的同志正和纳尔维克的战胜者(狄特尔)驻守在北方的北冰洋海岸上。德国士兵在挪威的征服者(福肯霍斯特)的指挥下,芬兰的自由英雄们在他们自己的元帅(曼纳兴)的指挥下,正在保卫芬兰。在东方前线驻守着你们,在罗马尼亚,在普鲁特河两岸和沿着多瑙河直到黑海的海滩,是团结在罗马尼亚国家元首安东奈斯库手下的德国和罗马尼亚的部队。现在,这条亘古以来最大的前沿阵地开始向前推进,不是为了给永远结束这场伟大战争提供手段,或者为了保卫那些目前参战的国家,而是为了拯救我们整个欧洲的文明。德国的士兵们!这样一来,你们就进入了一场严峻而有特殊要求的战斗——因为目前欧洲的命运、德意志帝国的未来、我们民族的存亡都落在你们的肩上。

愿上帝在这场斗争中保佑我们大家!

进攻之前紧张的最后一天,只剩下不到 12 小时了。外交部打来电话,报告了令人不安的消息,苏联大使杰卡诺索夫再次紧急要求会见里宾特洛甫。但却找不到这位外交部长了。杰卡诺索夫被搪塞过去,说里宾特洛甫离开了柏林,到晚上才回来,等他回来再约定会见时间。事实上，里宾特洛甫就在总理府，他曾几次拜访了希特勒。希特勒在口授国内消费公告和给墨索里尼、霍尔蒂以及芬兰总统雷斯托·雷蒂的信。

下午，德国海军的一位使馆武官乘火车到达帝国首都，此人于 19 日晚离开莫斯科（他应召回国是对苏联突然从柏林召回他们的武官而作出的反应），他绘声绘色地描述了莫斯科外交界里突然发生的恐慌。然而，在乘火车经过波兰回国的时候，他见到的军事活动比前四个月里任何时候都少，当然也比最近他在波罗的海国家看到的少得多。他和他的助手都遇上了由穿蓝制服的苏联国家政治保安部的士兵押送的封闭起来的囚车——在从东波兰往外遣送波兰的"不良分子"。此时，舒伦堡大使还留在莫斯科。里宾特洛甫给他发电报，让他毁掉大使馆的密码簿和无线电设备，并安排马上会见莫洛托夫，会见时他要宣读一份长长的东拉西扯的讲稿，其结束语是："……因而，元首已命令德军尽一切力量以武力手段勇敢地面对这种威胁。"

9 时 30 分，杰卡诺索夫得到允许去会见里宾特洛甫的国务秘书。他只是递交了一份对德国屡次侵犯苏联领空的正式抗议照会。同时莫洛托夫也向舒伦堡递交了一份同样的抗议照会，照会听起来如此可笑，以致电报在凌晨传到希特勒的总理府时，一经宣读就使得全场哄堂大笑。"一系列的征兆使我们看出德国政府对苏联政府不满意……"莫洛托夫这样发起牢骚。就在一小时以后，300 多万德国士兵沿着从北冰洋到黑海的前线，由 3,000 辆坦克和近 2,000 架飞机做后盾攻打了苏联，这是不折不扣的突然袭击。

希特勒在他 52 岁的时候开始进攻苏联。晚上，希特勒和他的私人官员一直熬到深夜，他的思想飞到总理府以外遥远的地方。他对副官们说："用不了 3 个月，我就将目击一场世界史上未曾见过的俄国的崩溃！"然后，他回到卧室小睡了片刻。

与此同时，在东线战场南方集团军群第 3 装甲军摩托化步兵旅的最后集结地（这是第 1 装甲集群的主力部队，在即将开始的进攻中担负着插入苏军心脏的任务），在严密的灯火管制下，一支钢铁般的部队正在向发起总攻的最后阵地开进。微微轰鸣的战车只能打开尾灯以给后面的战车指示方向，走在最前面的侦察指挥车寻找着早已做好的道路标记。接近苏联边境了，远远地已经看见了苏军岗哨的灯火。到达攻击阵位，侦察指挥车停住了，整条长龙渐渐安静下来，熄灭了一切灯光。口令传了下来："原地休息！"一些老兵想着将要发生的战斗，平静不下来。一些年轻的战士经过一天的劳碌，抱着冲锋枪，靠着装甲输送车冰凉的车帮睡着了。只待进攻时间一到，命令下达，这些沉睡着的士兵就会变成一具具喷射着火舌的小型杀人机器，扑向异国的辽阔土地。

第四章

战争一触即发

　　大战前夜，德军中有士兵秘密地投诚，将进攻的消息泄露给了苏联。但是由于指挥层次繁杂，信息不畅以及斯大林的犹豫，这一事关重大的情报却没有发挥出拯救苏联的作用。时间一分分地流逝，所有的努力都无法挽救最初的全线崩溃。炸弹落在毫无准备的苏联士兵和人民的头上，无数战士在睡梦中失去了生命。法西斯的突袭没有让斯大林及时地清醒过来，在巨大的压力下，他失去了冷静，又一次做出了错误的决定。战争伊始，一切都向着有利于德军的方向发展着。

No.1 盲目自信终酿大错

6月20日晚10点，在德军南方集团军群第3装甲军摩托化步兵旅坦克2营的前进营地，参谋正在通过车际短程无线电对讲机宣读希特勒的公告：

现在，这条亘古以来最大的前沿阵地开始向前推进，不是为了给永远结束这场伟大战争提供手段，或者为了保卫那些目前参战的国家，而是为了拯救我们整个欧洲的文明。

德国的士兵们！这样一来，你们就进入了一场严峻而有特殊要求的战斗——因为目前欧洲的命运、德意志帝国的未来、我们民族的存亡都落在你们的肩上。

愿上帝在这场斗争中保佑我们大家！

列兵哈特几乎一句也没听进去，这算是什么呢？他想，写得这么长，不累吗？反正就是让我们再去进攻苏联呗。哈特觉得这个讲话的口吻简直就像他们的营长，一点什么小事都要讲讲原则问题，都要说得重要得不得了。哈特是坦克车的副炮手，说白了就是装填炮弹的，还要负责擦洗车辆、更换零件，都是苦活。对于他这种既没参加过波兰战役，也没去过法国的新兵蛋子来说，能加入这支战功卓著的部队倒是件光荣的事情，反正总会当些日子苦力的，哈特明白新兵的待遇。他一想到坐在坦克车里，看着这几十吨的铁家伙卷起路上的沙尘，让那些步兵们跟在后面吃土，就觉得这还是满威风的。哈特想去方便一下，自从进入前进营地以后，实际上就没有什么营地了，坦克兵睡在车后履带压出的软土上，步兵就只能找个平地躺着。部队实行严格的灯火管制，要上厕所只能抹黑溜到路边的树丛里。哈特提起裤子，却突然听到树叶沙沙响，像是一个人从他身边不远的地方钻了过去。哈特立刻想到，是不是苏军的侦察兵？他等那个声音远了，再悄悄地跟上去，小心翼翼地不让树木发出声响。一会，他看到了那个黑影钻出了树丛，横穿过大路向阵地的后方走去，哈特立刻跟了上去。那个人像是非常熟悉部队的情况，巧妙地绕过了战车停驻的地方。阵地正面的巡逻很严密，但是背后一面只安排了几个潜伏哨。这个人仿佛知道暗哨的位置，精确地从两个潜伏哨之间的盲区钻了出去。哈特连忙跟着走了出去。等距离营地远了，那个人开始加快步伐，哈特想想，自己立功的机会到了，立刻切了一个半径，截在那人前面，从侧面扑出来，一下把他按倒在地。可等他借着月光看清了对方的脸，哈特不禁大吃一惊："司务长！"这个人正是他们营的司务长施罗特。那个人也吃了一惊，连忙捂住哈特的嘴："轻一点！""你这是上哪去？你向营长报告了吗？"哈特问道。

施罗特的脸上显出了惊惶的神色："哈特，我谁也没说，我是想回家去！"

"回家？""是的，你也听到了，元首的宣言，我们来到这里原来是为了进攻苏联。

又是一场血战呀。我看得太多了，受不了了。在波兰，在法国，我多少次差点丢掉性命。本以为到这里来能躲过英国的空袭，修整一段时间，没想到元首是叫我们来打苏联。我不愿再给谁卖命了。哈特，我有种感觉，前几次都是那么幸运，这次可能就没那种运气了。哈特，我要回家去，我的老婆孩子不能没有我。战斗打响之后会死很多人，他们才没有时间一个个查明。我就是偷偷地跑回去也不会被发现，他们会当我阵亡了，或是被俘虏了。"

"是呀，也许是那样。可你怎么回家呢？"

"我找个村子，把手枪卖掉，然后买上件普通的衣服，战争一开始，才没人会管一个躲避战火的老百姓呢。我甚至可以装成外国人，我会说法语。只是……哈特，我求求你，咱们也算朋友了。你还不懂，等你打上几仗你就会理解我的。"

哈特看了看这个可怜的司务长，他穿着单薄的制服便衣，一脸愁苦地望着他。"你说什么呀，司务长。你快走吧，不过小心点，绕着那些营的阵地走，祝你好运！"哈特拉了一下司务长的手，司务长感激地看了他一眼，转过身就钻进了树丛。

哈特也小心翼翼地往回走，边走边想，这个家伙，真是没用，才打了几年仗就被吓破胆了。哈特也不多想，只是专心地绕过岗哨。

施罗特继续沿着刚才的方向走出几百米，然后突然停下，仔细听了听，附近一点动静都没有。他确信哈特已经回去了，周围也没有别人，于是掉转过头，向着边境的方向走去。施罗特知道，他将做的事情有多么危险，要在黑夜中走十来公里，还必须躲开众多的潜伏哨，德军的、还有苏联的侦察兵都有可能向他开枪。但是他已经想好了，以自己一个共产党员的身份，必须去完成这个任务。

6月21日凌晨2时50分，莫斯科克里姆林宫，一位机要秘书神色慌张地走进斯大林的卧室，他刚刚收到一份关系重大的紧急密电，要立刻交给斯大林。穿过宽大而漫长的走廊，在红色地毯的尽头，秘书看到了斯大林的贴身警卫官。"斯大林同志睡了吗？我有紧急的电报，从西部特别军区发来的。"

"我看如果不是非打扰他不可，还是等一两个小时吧。他今天收到了很多紧急的文件，一直没有休息。可能情绪不太好。这阵也许刚刚睡着。""可是这份密电是西部军区参谋长发来的！"

"几乎每个军区的参谋长都给他发来了密电，这几天。都说是紧急的情况。"

秘书有点着急了："让我进去看一眼吧，如果他睡着了我就等一会。"

"有什么情况吗？"房间里突然传来斯大林那略带沙哑却十分响亮的声音。"科尔波诺同志有份电报交给您！"卫士连忙回答。斯大林说："请他进来！"

科尔波诺急忙低头走了进去。斯大林并没有睡，他坐在外间屋的躺椅里，翻阅着白天送来的一堆文件。"什么情况，安德列·安德列耶维奇？""西部特别军区参谋长克里莫夫斯基赫急电！2时40分发来的。"然后不等斯大林要求，他就开始念电文：

速交，送总参谋长

第一，6月20日在奥古斯图夫方向德国飞机侵犯我国边境：17时41分有6架飞机，17时43分有9架飞机，17时45分有10架飞机……根据边境部队的材料，这些飞机携带了炸弹。

第二，根据3集团军司令员的报告，沿奥古斯图夫、谢伊纳路旁的边境，铁丝网白天还在，傍晚时被拆除。在这一地区的森林里，似乎可以听到地面发动机的轰鸣声。边防军加强了值勤……

"电报！"斯大林接过电报又看了看，"您可以回去了，安德列·安德列耶维奇。"秘书愣了一下，但还是转身出去了。

类似这样的情报，这几天斯大林收到不止一份了。他也在犹豫，这些情况到底意味着什么？难道是德国在准备进攻？是不是叫铁木辛哥和朱可夫他们来讨论一下，或是将这些情报通告他们？如果让那两个人了解到现在自己手中掌握的所有报告，他们毫无疑问会建议立刻采取积极的军事行动，甚至要求主动出击。他想起两个星期前，朱可夫对自己提出的那个计划，他说希特勒正在进行进攻前的最后准备，与其等对方准备好扑过来，不如我们抢先偷袭他们，对方的进攻部队必然难以招架，还拿出一个十分大胆的方案。朱可夫的办法是不行的，斯大林想，但是不是考虑给部队下达准备命令？等一等，他提醒自己千万不能被表面现象迷惑。谨慎是斯大林多年来政治舞台制胜的法宝，不论是在十月革命中，列宁去世后的斗争中，还是在"大清洗"时期，他的谨慎都使他无数次看破了假相，最终抓住了正确的机会。但是这一次，他的谨慎却适得其反。在与希特勒的斗智当中，斯大林错误地估计了对手。他相信，这不会是进攻的前奏，希特勒真的会撕毁互不侵犯和约来进攻我们吗？合理的解释是，这是希特勒为挑拨我们所采取的诡计，用边境小规模的军事活动来刺激我们的神经，一旦我们反应过激，他就可以找到借口说我们违反了和约，然后再对我们开战。斯大林决定不能上当，要在合适的时候进行我们的军事准备，而又不能刺激希特勒。现在还不到大规模调动部队、命令部队进入前线，或者宣布战备、严厉打击希特勒的军事骚扰的时候。他将文件放在椅子上，慢慢走到里屋，决定在天亮前小睡一会儿。

6月21日，中午，国境线那边正在进行一场严密而又蹑手蹑脚的搜捕。在早上，2营的几个火头军来报告：司务长施罗特不见了。早点名时仍然没有发现施罗特。营长感到问题严重，他心里揣测，是不是施罗特起夜的时候被苏军侦察员抓了"舌头"？那样的话就太糟了！他害怕在如此关键的时刻自己的部队出问题，一旦走漏了总攻的消息，自己的脑袋恐怕是难保了。他没敢立刻汇报，而是派出几十名战士在阵地附近仔细搜索一下，同时要小心千万不要惊动了苏军，毕竟这里距离边境只有几公里。但是直到中午还是没有任何消息。营长害怕了，他看看手表，距离总攻发起时间只有十四五个小时了。如果在这个时候向上级汇报走失一名战士，他这个营长要付多大的责任呀。他想也许这个施罗特是在森林里迷路了，或者是怕死开小差了，那样的话就不如干脆瞒混过去，等战斗一开始，就在第一天将他放进失踪者的名单里，自己的责任也就洗脱了。他立刻叫来几个知情的火头军和参加搜捕的战士，严令他们绝对不许走漏风声。但是营长的心里却如同悬起了一块重重的石头，这样做究竟会带来多么严重的后果，他自己也是一点数都没有。但愿这个家伙不是被苏联人抓了"舌头"，更不是自己叛变跑了过去。上帝保佑。

6月21日下午4时，正在捷尔波诺尔组建新的军区司令部的基辅特别军区参谋长普尔卡耶夫将军突然收到一份报告，有一位德军的投诚者在昨晚偷偷地越过了边境，来到了苏军边防小队的驻地，说有重要的情报要报告，他说德军将在22日凌晨对苏联边防部队发动进攻。部队将这一情况逐级地报告了上来。等普尔卡耶夫将军了解到这一情况时，已经是下午了。将军认为这个情况很是奇怪，战争还没开始，德军怎么会有投诚者呢？但是万一这一情况属实的话，问题就非常紧迫了，必须马上搞清楚。将军想打电话，命令马上把这个人带到司令部来。但是他转念一想，指挥部刚刚秘密地迁到这里，万一这是一个奸细……还是亲自去一趟吧。

参谋长叫来他的座车，命令以最快的速度开向边防小队的驻地。一路上在颠簸的车厢里，普尔卡耶夫将军的头脑在飞速地转动着。一旦查明这个投诚者的消息可靠，我们该做什么准备呢？他不禁看了看手表，距离报告说的22日凌晨，只剩下十四五个小时。新的司令部还没安定下来，司令部的通讯还没法保证畅通，这可真不是时候。必须首先将情况最快地汇报给朱可夫和斯大林，让他们能及时作出判断。同时必须命令边防小队加强岗哨巡逻，做好战斗准备，命令所有主力部队进入前线，抢占阵地，构筑防御工事。但是这恐怕很难，多数主力部队还在距离边界很远的地方，且机动能力很差；主力部队全力调集一下，也需要两天的时间，这是来不及应付的，是不是干脆让主力回收到纵深构筑第二道防御工事呢？这样就可以使部队避免在敌军的突袭中遭受巨大的损失，避免被德军合围的危险，但也就等于放弃了边防军和边境几十公里的土地，这样做是必须经过最高首长批准的。如果我们命令部队放弃边境，后撤构筑工事，而德军只是小规模地侵扰，那我们可能会被送上军事法庭的。普尔卡耶夫不禁想起了这些年身边的几位高级领导同志，他们因为某些原因被处决了，有一些则莫名其妙地消踪匿迹，生死不明。还有伏龙芝元帅，这位对自己非常器重的老领导，竟然在一次不大的手术中因为麻醉过量而去世了。有人传说那其实是……天啊！这是什么时候！怎么能想这些！普尔卡耶夫惊诧于自己的走神，赶紧将思路拉回到战前准备上来——飞行部队也很危险，几乎全部飞行中队还都滞留在毫无遮蔽的民用机场，一旦德军空袭，恐怕没有几架来得及升空。必须立刻命令全部飞行队疏散到军用机场，同时加强战勤，随时准备拦截入境的敌机。但是这首先就必须解除"不得射击任何敌机"的命令，这又不是他和司令员能够作出的决定。如果德军真的要发动大规模的侵略战争，那我们必须做好纵深防御的准备，要在重要的渡口和桥梁埋设炸药，一旦德军接近就破坏桥梁，尽量延缓德军的推进速度。但是在桥梁上装炸药也要请示莫斯科……总之不论怎么样，必须尽快将准确的情况反映到总参谋部，在等候上级命令的时候，提前做好执行这些命令的一切准备。

普尔卡耶夫将军努力理清楚头脑中的思绪，这时汽车也已经到达了边防队的营部。几名尉官迎了上来，其中一个上尉主动打开车门，不等将军走下车站稳就是一个军礼："是参谋长同志吗？帕尔哈奇边防支队第3营营长萨里宁在此等待您。"普尔卡耶夫还了一个礼，立刻问道："俘虏在哪？他说了什么情况？"

"我带您去。他是主动跑过来的，这可真是个勇敢的家伙呢！他说德军将在今夜发动进攻，他们的部队正在开进总攻的前沿阵地，都是主力坦克部队。还说了一些别的，不太清楚，我们这儿缺少好的德语翻译。"

来到一间营部的办公室，参谋长一眼就看到一个40岁上下的高大汉子，坐在椅子上。他留着络腮胡子，褐色的头发卷卷地遮住了眉毛，穿的是德军配发的便装，衣服很脏，很多地方都破了口子。他的一支胳膊缠上了绷带，看来是负伤了，脸上的神色显得颇为焦急。一见到将军进来，立刻站起来向前走了两步，"您懂德语吗？"他用德语问，将军没有听懂。他显得挺遗憾，但立刻又问："也许法语？"这次用的是法语。普尔卡耶夫将军年轻时候受过良好的教育，学过标准的法语。虽然很久没有用过，但他立刻就听了出来。他用法语说："你是哪支部队的？"这个汉子显得很高兴，立刻挺直身板回答道："我是第3装甲军摩托化步兵旅2营的司务长，我叫罗兰·施罗特。我昨天夜里跑过来，为了向你们报告重要的情报。"司令员打断他的话："为什么跑到我们这里来通报你们的情况？"施罗特沉默了一下，今天他已经回答过很多遍这个问题了，但是他感觉眼前的这位将军是位重要的人物，必须赢得他的信任，不然自己的辛苦就会白费。他抬起头来说："我是德军的士兵，但我是共产党员。"

"你是共产党员？""应该说是的，但是我们的组织被破坏了很久了，我已经失去组织了。可我相信共产主义的希望在苏联，这些天我一直在等待机会向你们报告这些危险的情况。我不知道这些事情你们了解多少，但从我与你的部队的接触中，我感到他们几乎是毫无准备的。从我知道的情况看，苏联可能大难临头了。希特勒的意图完全超过了我的想象，恐怕也超过了你们的想象。作为一名共产党员，我不能看着共产主义被法西斯主义打败，所以我不顾危险跑了过来。"

施罗特向普尔卡耶夫将军讲了他们部队这些天来的行动，讲了他们最后的调动，复述了希特勒的宣告内容。为了让将军相信，他还说了他的入党时间、地点和介绍人，讲了他的组织被破坏的情况。普尔卡耶夫仔细思考了一会，这位司务长汇报的德军的行动与他们掌握的零散的情报是吻合的，而且他说的情况也解答了普尔卡耶夫心中对德军意图的疑惑。真的是这样的话，就必须采取最果断的行动，时间太紧迫了。但是也要留神有诈，因此他没有流露出任何惊奇或紧张的神色，只是感谢了这位司务长，然后用俄语命令那位营长："看好他，不要告诉他我是谁，也不要跟他讲我们的情况。有什么情报及时向我汇报。"说完立刻走出去，上车返回捷尔波诺尔。

6月21日，星期六，基辅特别军区司令部所在地——基辅，司令部正在为了进行作战准备而转移到距离前线更近的捷尔诺波尔。军区副参谋长兼作战部长伊万·赫里斯托福罗维奇·巴格拉米扬上校终于把这几天收到的紧急情报全部发往了莫斯科。几辆大轿车和载重汽车开到了军区司令部正门。红军战士和指挥员迅速把文件、地图、桌椅、打字机等装上汽车。大家干得很愉快，不断传来嬉笑声。

这是一个暖和的傍晚，绿荫如盖的街边公园散发着馥郁的芳香，基辅人正下班回家。

在延长工作时间后，每个周六的晚上就是忙碌了一周的人们最幸福的时候，很多人去商店购物，一些年轻人成双成对地出现在公园里，戏院也准备开演新排练的戏剧。到处呈现出热闹景象。谁都没想到，那时离和平生活突然中断，"战争"这个可怕字眼响彻每个角落的非常不祥的一刹那，只剩下 10 个钟头了。

当司令部的纵队穿过行人很多的市区，走上日托米尔公路时，天还很亮。巴格拉米扬上校坐着小汽车在纵队先头行驶。上校浏览着白天未及一看的报纸，各版都没有任何令人不安的消息。但上校心里仍然不平静。看来是因为他和他的助手们知道的消息比报纸上写的多得多。

车队还未到达日托米尔，巴格拉米扬上校就听见后面那辆汽车发出了断断续续的信号，他命令司机把车开到路旁停下。原来有几辆车由于发生各种故障抛锚了。一夜之间他好几次不得不让纵队停止前进。这些未曾料到的迟延使他们无法执行行军时间表，很可能在早上 7 时前，他不能把汽车纵队带到捷尔诺波尔。但军队里习惯于竭尽全力准确执行命令，对这种现象是不能容忍的。再说，战争或许在某天拂晓就会爆发的这个想法，整夜都使他苦恼。上校于是命令加速前进。当车队距布罗德这个绿荫丛中的乌克兰小镇不远时，已接近破晓。车队在这里又作了 10 分钟的停留。

在每辆大轿车或载重汽车旁，车长都迎着上校报告：

"一切正常，上校同志。"

巴格拉米扬上校真希望能迅速到达捷尔诺波尔，军区司令和参谋长一定已经等急了，车队运载的文件、物品和通讯设备不送到，司令部就没法开始工作。整个基辅军区近百万

▲ 朱可夫在哈勒欣河战役中对指导员作总结。

部队的指挥中心离开了基辅，又没有及时在新的地点建设起来，上校很担心万一在这一夜的空白期间发生什么……他决定，结束休息，穿过布罗德，继续前进。

6月21日晚10时，莫斯科苏军总参谋部，参谋长朱可夫大将正在反复研究这两天收到前线各军区的报告，这些报告越来越清晰地反映出德军在边境的敌意：不断地入侵苏联领空，不断地调动坦克部队，不断地抓到德军的特务。这些情况也许单独看来都是很普通的边境摩擦，但是如果把它们综合起来，就很容易让人闻到战争硝烟的味道。（其实还有很多斯大林掌握的材料，朱可夫并不知道。如果能看到这些情报，也许他就能作出迅速的判断。）朱可夫清楚地知道，斯大林将这些情报定义为德军的挑衅行为，这也不是没有道理的。希特勒的确太狡猾了，如果你用常理推断他，就往往会上他的当。即使是这样，朱可夫仍建议斯大林采取更加主动的态势，积极进行战争准备。两个星期前，朱可夫曾制订了一个大胆的计划呈报给斯大林，既然希特勒早晚会打过来，不如趁他准备进攻的时候在全线调集主力突然杀过去，倒有可能取得出其不意的奇效。这个计划遭到斯大林的断然拒绝。朱可夫又建议给部队下达战斗警报，命令主力部队进入前沿阵地展开防御，但仍然被斯大林否定。朱可夫知道，现在斯大林的脑子里只有一个想法——回避战争。除非有什么强有力的证据来改变他的判断，但是这个证据在哪呢？希望这个证据不会是德军的炮弹。

格奥尔吉·康斯坦丁诺维奇·朱可夫，1896年12月2日出生于莫斯科西南卡卢加省一个鞋匠家庭，19岁时应征入伍，参加过第一次世界大战，因作战有功，获乔治十字勋章两枚。十月革命爆发后的次年，朱可夫加入苏联红军，在与高尔察克白军的战斗中，从士兵升至连长。以后屡次深造，先是于1920年毕业于骑兵训练班，后于1925年又毕业于骑兵指挥员进修班，1930年再毕业于高级首长班。之后，历任骑兵旅旅长、骑兵监察部助理、骑兵第4师师长、骑兵第3军和第6军军长、白俄罗斯特别军区副司令等职。

1939年6月，朱可夫调任驻蒙苏军第1集团军群司令，指挥苏蒙军队成功地实施了围歼日军重兵集团的哈拉哈河战役，粉碎了日军北进的企图。朱可夫因此被首次授予"苏联英雄"的称号，此后，他一跃成为一颗耀眼的明星。1940年6月，他晋升为大将，并被任命为基辅特别军区司令。1941年1月，朱可夫被任命为苏军总参谋长，成为苏军的首脑人物。朱可夫是苏联军中指挥才华最出众的将领，他意志坚定，头脑冷静，往往能在不利的局面下力挽狂澜，扭转大局。因此斯大林十分器重这位年轻的将军。但他性情耿直，宁折不弯，是少数几个敢于当面顶撞斯大林的人物之一，所以斯大林对他是又看重又顾忌。担任苏军参谋长以来，他力主加强苏军的战备动员，但是由于斯大林的独断专行和固执己见，他的很多有力的措施没能实行。

此刻朱可夫在想，是不是再给斯大林同志打个电话呢，再把这些情报向他通报一下，希望他能考虑采取有力的对策。但这样也许只会激怒他，反而收不到良好的效果。还是应该找一个好的机会，然后和国防人民委员铁木辛哥元帅取得一致，共同劝说斯大林。就在这时，通讯员跑来报告：基辅军区打来电话，说是有紧急的事情报告。朱可夫连忙接通了电话。那边传来的声音非常熟悉，是他在基辅军区工作时的老战友，现任基辅军区参谋长普尔卡耶夫将军。"格奥尔吉·康斯坦丁诺维奇吗？我这里发生了非常严重的情况。一个德军的司务长今天早上越过边境来投诚，他是个共产党员，他报告说德军主力坦克部队已经进入攻击阵地，将在今天夜里，就是5个小时以后开始进攻。希特勒的公告已经宣布了，这不是一般的骚扰或侵犯，目标是深入我纵深地带，合围我军主力，最后要用闪击的方式打垮我们。……我希望您能考虑这个重要的情况，立刻作出决定，部队必须尽快展开进入阵地，不然就来不及了。"

"您认为他的话可信吗，普尔卡耶夫同志？"

"他说的德军的动向和我们掌握的一些情报是吻合的，我仔细审问了他，我认为他的报告是可靠的。"

"这个人没有问题，快下决心吧，格奥尔吉·康斯坦丁诺维奇。"电话那边又传来了基辅特别军区司令基尔波诺斯的声音。

"我立刻通知斯大林同志，有命令会告诉你们。"

朱可夫放下电话，头脑中仿佛积聚的洪水冲垮了堤坝。他知道基尔波诺斯是个火暴脾气，办事有时太过鲁莽，但是普尔卡耶夫是心思缜密、头脑清醒的人，他的判断应该相信。这样的话，剩下的时间真是太短了。他立刻将这一情况报告了铁木辛哥元帅，元帅同意朱可夫的判断，让他立刻告知斯大林。斯大林接到电话时刚刚睡醒，他在电话中迟疑了一会，朱可夫问他，可不可以立刻命令进入一级战备并展开主力准备回击德国入侵者，斯大林只是说："你同国防人民委员到克里姆林宫来吧。"

在前往克里姆林宫的路上，朱可夫垫着公文包匆匆地起草了一份命令的草案。这并不复杂，因为在他的头脑里已经很多次地思考过，一旦出现这种紧急情况应该如何处置。所以虽然很匆忙，但是他的命令草案条例清楚、目的明确，采取的措施非常得力。他把草案简单地和同车的铁木辛哥元帅以及副总参谋长瓦杜丁中将说明了一下，两人都表示很赞同。同时，他们决定这次无论如何要说服斯大林同意部队进入一级战备。

车子进入克里姆林宫，警卫带领他们直接来到斯大林的办公室。斯大林坐在他的躺椅上，烟斗拿在手里，脸上现出少见的忧虑的神色，甚至有一种朱可夫从来没见过的慌张。三人刚刚进屋，斯大林就直接问道："基尔波诺斯报告的这个情况可靠吗？那个投诚者，会不会是德军为了挑起冲突而派来的奸细呢？"

听到这话，刚刚坐下的铁木辛哥元帅立刻站了起来，斩钉截铁地说："不是！我认为投诚者说的是实话。"而朱可夫根本就没有坐下，他也坚定地点了点头。这时，被从睡梦中叫醒来参加紧急会议的苏共中央政治局常委们陆续走进了斯大林的办公室。斯大林沉思了半晌，无助地望着铁木辛哥元帅，他的眼睛在微弱的灯光下闪烁着，"我们应该怎么办？"

"应该立即命令边境军区所有部队进入一级战斗准备。"铁木辛哥语气坚定地回答。

斯大林犹豫了一下，问："起草命令了吗？"

"有一个命令草稿！"朱可夫回答。

"快读一下！"斯大林眼中的光芒又闪烁起来。

朱可夫掏出命令，读道：

列宁格勒军区、波罗的海沿岸特别军区、西部特别军区、基辅特别军区、敖德萨军区军事委员会：

抄送：海军人民委员

1. 1941 年 6 月 22 日到 23 日德军可能在列宁格勒军区、波罗的海沿岸特别军区、西部特别军区、基辅特别军区、敖德萨军区正面实施突然袭击。

2. 我军的任务是：列宁格勒、波罗的海沿岸、基辅、敖德萨各军区部队进入一级战斗准备，以防德军或其盟军可能的突然袭击。

3. 兹命令：

（1）1941 年 6 月 21 日夜间，隐蔽占领国境筑垒地域各发射点；

（2）1941 年 6 月 22 日拂晓前，将全部飞机、包括陆军航空兵的飞机，分散到各野战机场，并加以周密伪装，拦截一切进入领空的德军飞机；

（3）所有部队进入战斗准备。军队应分散、伪装，主力部队进入一线工事的同时在纵深构筑防御工事；

（4）防空部队不待补充兵员到达，立即进入战斗准备。城市和目标地区应采取灯火管制的一切措施。

斯大林把命令草案仔细地看了一遍，问了问其他政治委员们有什么意见。大家都不说话。斯大林也陷入了沉默。他把烟斗放进了嘴里，但是并没有点火。朱可夫有点沉不住气了，他想到现在距离对方可能发起突袭的时间最短可能只有五六个小时了，即使立刻传达命令，可能很多任务仍然完不成，没有时间再犹豫了，他想提醒一下斯大林："我认为……"

朱可夫的话刚刚出口，却被斯大林抢在了前面："我认为现在下达这样的命令还太早，也许问题还可以和平解决。命令要简短，指出袭击可能从德军的挑衅行动开始。边境部队要不受任何挑衅的影响，以免问题复杂化。"

朱可夫失望地发现，斯大林同志又回到他固执的老套子里去了，认为德军不会贸然进行两线作战，认为可能以挑衅的方式刺激我们先开火，认为要不顾一切避免战争……朱可夫没有办法，他知道要说服斯大林有多么困难，而现在最关键的问题是，根本没有时间辩论，必须立刻下发命令，哪怕是并不完善的命令。他向斯大林做了妥协："这样行不行：在第一条中写明，'袭击可能从挑衅行动开始'；在第二条'我军的任务'中加入'不受任何挑衅行动的影响，以免使问题复杂化'。"

斯大林踱了几步，猛地停下来，挥舞着手中的烟斗说："加上这两句，再删掉'拦截一切入侵领空的飞机'以及'进入一线工事和构筑纵深工事'这两句话，并且加上一条，'第五，在没有特别命令的情况下，不得采取任何其他措施。'你再去修改一下吧。"

朱可夫认为，这样的命令实在是有点含混不清而且太软弱无力了。但是没有时间辩论，也没法跟斯大林辩论。他立刻同瓦杜丁一起按照斯大林的意思重写了这份命令，又给斯大林和各位政治局常委念了一遍。得到斯大林的认可后，瓦杜丁立刻带上命令返回总参谋部，马上向各军区转发。

6月22日零时20分，捷尔诺波尔的基辅特别军区司令部，司令员基尔波诺斯将军和参谋长普尔卡耶夫将军正在焦急地等待莫斯科返回的消息。普尔卡耶夫将军早就做好了下达各种命令的准备，他将设想好的所有部队调动和动员情况都拟好了草稿。自从见到那个投诚的司务长，他就一直在思考这件事。到了晚上8时左右，又接到一个报告，前线又有一个德军士兵潜过边境，来向苏军投诚并通报了消息，与那个司务长施罗特的汇报一样，德军的进攻将在凌晨展开。司令员和参谋长立刻向总参谋部汇报了这一情况，但是也没有得到反馈。

基尔波诺斯将军早就等不及了，他在屋中反复地踱步："朱可夫同志应该知道问题的严重性，如果现在还不下达命令，那么所有的一切就根本来不及了。他可不是这样婆婆妈妈的人。"普尔卡耶夫将军一遍一遍地看着他手拟的几份不同的命令，听到司令员的话，他说："朱可夫同志当然不会延误战机，但是下达这样的命令恐怕必须经过最高统帅。我觉得也许此刻朱可夫正在说服斯大林同志呢。"

"反正命令是一定会到的，我看我们不如先下达一些决定，让部队进入一线工事，不然就来不及了！"基尔波诺斯将军疾步走向电话机。

普尔卡耶夫一把拉住了他伸向电话机的手："等等，我们还是要等待命令。毕竟我们只了解我们面前的一点情况，斯大林同志和朱可夫同志可是能看到全局的。"

基尔波诺斯轻轻叹了口气，参谋长说得对，斯大林同志能看到更多的情报，一定有他的想法。那么我们就只能等待了。他想到作战部长巴格拉米扬率领的辎重车队还在从基辅赶到这里来的路上，司令部的大多数通讯设备和军事文件都在那里。如果车队不能及时赶到捷尔诺波尔，即使莫斯科的命令来了，司令部也很难迅速将命令传达到每一个作战部队和边防哨所。给他们下达的命令是 22 日上午 7 时到达捷尔诺波尔。如果他们严格遵照命令办，那可就全完了，司令部在德军开始袭击时将陷于通讯指挥半瘫痪的状态。

基尔波诺斯将军想到这里不由得锁紧了眉头，"伊万他们什么时候能够到呢？真希望他能够预见点什么，早点出发，路上少耽搁点时间。""如果他根据我们的安排出发，就来不及了。"普尔卡耶夫也在担心这个问题。

正在这时，通讯员跑进来报告："司令员同志、参谋长同志，莫斯科急电！"

两位将军听到这个报告，立刻不约而同地站起来，奔向发报室。这里唯一的一台发报机正在"嘀嘀嗒嗒"地收着莫斯科来的急电。本来可以用多台收报机同时接收的，但是其他的几台还都在路上。先运来的这台还是一部老掉牙的旧机器。看着它吃力的接收电报，两位将军都着急了。"不知这个命令有多长。"基尔波诺斯将军命令译报员接到多少立刻译出多少。但是只译出了前面的情况通报，就听收报机一阵怪声，接着就"罢工"了。基尔波诺斯将军立刻暴跳如雷，他大声地对电报组几个通讯官吼道："你们是怎么搞的？机器竟然在这个时候出毛病！这要耽误多大的事，你懂吗？你是想上军事法庭吗？"

通讯官吓坏了，他小声地解释："我们常用的电报机都没有运来，这台机器已经很久没用过了……"他还想解释什么，基尔波诺斯立刻吼了起来："你这个蠢货，想用嘴接收莫斯科的电报吗？立刻给我修好电报机，明白吗？"通讯官再也不敢说话了，几个人埋头修起了机器。

过了好半天，两位将军已经急得眼睛都红了，几位通讯官也已经全身是汗，这台老机器终于又"哧哧喳喳"不紧不慢地唱起歌来。电报一句句缓慢地译出。这则命令实在是太冗长了，加上中间电报机不断地出毛病。等全文发完时竟然已经是 2 时 30 分（这时距离德军发起总攻已经不到一个小时了）基尔波诺斯将军立刻命令传达莫斯科的指令，同时全部部队进入一级战备，主力部队以最快的速度向前沿展开。

司令员一系列的命令下达得很快，但是要传达下去又遇到了麻烦，司令部的通讯设备很少，只能一个个向前线哨所和部队打电话。参谋长普尔卡耶夫叹了一口气，作为基辅特别军区的参谋长，他清楚地知道：一个师从接到警报到紧急动员、集中、行军并占据制定的防御阵地，所需要的时间在 4 ~ 24 小时之间，而现在距离预判的德军进攻时间只有一两个小时了。恐怕很多边防部队和靠近国境线的野战部队要在毫无准备的情况下，面对德军强大兵力的突袭了。

6 月 22 日零时 30 分，莫斯科。斯大林心中头绪万千，他实在是难以理清自己的思路，只能希望现在采取的措施能够迅速奏效了。他又一次拨通了铁木辛哥元帅的电话。

"我们下发的命令，是否已经下达完毕了？"

"是的，全部军区都已下达完毕了。"

斯大林略微松了一口气。

铁木辛哥又说："在下达命令的这几个小时里，又收到了几个军区关于德军投诚者的报告。"

"什么情况？"

"类似于基尔波诺斯将军报告的情况，都说德军将在凌晨 3、4 点左右发动攻击。"

"有什么新情况随时报告我。"斯大林心思微微一动。为什么在短短一夜间出现好几起德军投诚事件，而且汇报的情况大致相似？如果德军真的要发起进攻，怎么前些天没有投诚者，而且我们苏联的情报人员也没有一点消息？这会不会是希特勒的奸计？他越想越觉得这件事情像是一个圈套，他回想了一遍自己对朱可夫起草的命令所作的修改，觉得这样的命令是很恰当的，不会使部队对德军的挑衅做出过激的反应。斯大林的心多少放下了一些，他感到浓浓的困意向他袭来，于是决定先去睡一会。

6 月 22 日 3 时，波兰境内布格河西岸，德军南方集群第 3 装甲军摩托化步兵旅 2 营的进攻阵地，几十辆坦克一字排开，褪去炮衣的炮口在微弱的星光下，放出幽蓝色的光。坦克纵队的后面，是半轮半履带的装甲输送车，车顶上的机枪挂上了长长的子弹带，机枪手仿佛估摸着时间快到了，悄悄地打开了机枪的保险，可是过了一会觉得时间还早，怕打开保险引起走火，于是又将保险锁死，他已经像这样重复了好几次了。步兵们全都坐在输送车的车厢里，新战士忍不住一遍一遍地透过观察孔向外看，竖起耳朵听着有没有开火的声音，手里握紧了冲锋枪。经历过闪击波兰或是法国战争的老兵则沉稳地坐着，微微地闭上眼睛，像是睡着了。

坦克指挥车内，营长握着报话器的手微微有些出汗。施罗特失踪的事还在困扰着他。他已经无数次地祈祷上帝，让那个家伙在树林里走失，哪怕当个逃兵也好，千万不要是被苏联人抓了"舌头"，或是自己叛逃了过去。他害怕掩盖施罗特消失的事情败露，那将是最恐怖的厄运。他下午听到上级军官们传说，友邻旅在上午失踪了一名战士，而且有人说看到他向边境线跑了。该旅的旅长受到了严厉的批评，很可能在战役结束后受到处罚。他庆幸自己没有主动将施罗特失踪的事汇报给上级，但这是一个赌博。

营长看了看表，距离总攻时间只有 15 分钟。让这一刻赶快到来吧，一旦开战他就可以将施罗特放进失踪名单里，但是施罗特的消失却也给这即将到来的偷袭蒙上了一层阴影。

营长将身子探出车外，回头看看，指挥车身后，40 余辆 3 号坦克安静地卧在路上，这是他们旅的骄傲。也是帝国装甲军的骄傲，他知道，只要战斗一开始，3 号坦克强大的火力和坚强的防护，会让苏联人吃不了兜着走的。在混成的摩托化步兵旅中指挥坦克营，绝对是风光八面的差事，他们拥有全旅最强大的火力，也是全旅机动性最强的核心力量，往往被当作尖刀用在突击阵形的最前面。"一会要看我们的。"营长暗下决心。确实，从波兰到法国，营长指挥着他麾下的 3 号坦克横扫了欧洲，在那些战场上，3 号坦克还没碰到过敌手。

灰蓝色的 3 号坦克里死一般的寂静，士兵们的心跳随着秒针的晃动而加剧："3 分钟，还剩 3 分钟就要开始了！"

"炮弹上膛！"装填手哈特立刻用最熟练的动作，装好了第一发炮弹。哈特暗想，不知几分钟后，它将落在谁的头上呢？是营房中熟睡的士兵，还是喷吐着火舌的地堡火力点，或是巨大的苏军坦克？哈特悄悄地挽了挽自己的袖子，眼睛紧紧地盯着车长，等待着车长一声令下，坦克飞速地冲出阵位，哈特的第一场战斗就要拉开序幕了。

倒计时 2 分钟。哈特在等待。营长在等待。同一时间，从里海尽头到黑海沿岸 1,500 公里战线上的 300 万德国士兵都在等待。

倒计时 1 分钟！坦克驾驶员已经将油门加大，坦克开始轰鸣，车后排气管冒出缕缕黑烟。

3 时 15 分，"开火！"整个战线上，上万门火炮同时怒吼。2 营背后的炮群也准时开始了火力准备。士兵们抬起头，看到了壮丽的奇景，几百条细细的火龙从背后很远的地方铺天盖地地飞速卷来，立刻映亮了黑色的天空，飞速地掠过他们头顶。紧接着，呼啸声仿佛是从耳边滑过，然后在前方的远处，响起闷雷般的声音。他们感到，脚下的土地在颤抖，仿佛整个地球都在颤动。炮火准备过去了，炮兵火力开始延伸。坦克出击！

2营的坦克一辆辆箭一样地冲出阵位，扑向预定的目标。仅仅5分钟，它们就闪电般地越过边境，坦克炮火立刻将残存的岗哨夷为平地。10分钟后到达了边防军的营地，这里已经被炮火摧毁，坦克上的机枪手一个个地射击着苏军士兵。又过了30分钟，坦克纵队几乎是毫无阻碍地到达了预定抢占的第一个目标——河上的一座桥梁，几乎没有遭受任何抵抗就消灭了守军，攻占了桥梁。紧接着，一辆辆装甲输送车、卡车、摩托车运载着德军士兵扑向乌克兰的纵深，像一条黑色的河流冲垮堤岸，涌进了红色的大地。

6月22日凌晨3时，乌克兰小镇布罗德附近。当巴格拉米扬上校回到纵队先头，正准备发出"前进"信号时，布罗德上空突然传来了轰隆轰隆的响声，大家都抬头注视着天空。

这里有一个机场，那里配置着歼击机和强击机。不知为什么飞行员要这么早开始自己的飞行日……

可是传来了一声声爆炸巨响，大地都在脚下颤动。有人嚷起来：

"看呐！看呐！大火！……"

布罗德后面升起了团团浓烟。老练的汽车司机看出是油库着火了。大家都在惊慌中呆住了。一个想法油然而生："难道战争爆发了吗？"

当上校看见机翼涂有黑色纳粹标志的飞机后，最后的疑团消散了。大约有几十架德军的俯冲轰炸机在布罗德机场的上空肆虐。这些飞机投完了炸弹，正在他们头顶上转弯。有3架敌轰炸机离开编队向车队冲来。人们迅速散开，卧在路边沟里，只有几个司机顽强地驾驶着自己的汽车。法西斯飞机两次超低空掠过纵队，并用机枪进行扫射，打了一阵就爬升飞走了。空袭过后，上校查明总共有两人受伤，便吩咐对他们进行必要的救护，继续上路。

没有任何疑问了，战火已经烧到国土！现在边界上出了什么事呢？这个想法令上校心绪不宁。当时甚至大部分掩护兵团也还分散在距国界线很远的地方，而第二梯队则还距它250～300公里。能顶住敌人的进攻吗？假如顶不住，第二梯队的全部动员就要受到破坏，它们进入交战时仍将处于现在这种有生力量和技术装备严重缺额的状况。

所有这一切，只有到捷尔波诺尔才能了解到。

6月22日3时10分，捷尔波诺尔基辅特别军区临时指挥部附近。天边刚刚现出一点点鱼肚白，4个农民打扮的人突然出现在高粱地里。他们不拿农具，每人都背着不小的箱子，像是旅行，可又不走大路。这几个人在庄稼地里钻行，很快接近了指挥部，几个人看了看周围的动静，低下头来围拢在一起。接着就用德语低声对话。

"克里斯中士，你负责用工具切断目标上方照明灯的电线，爬电线杆动作要迅速。"

"明白！"

"哈斯莱尔上士跟随我，灯一灭就直奔目标，我切端电路，你安装炸弹炸掉变压器。"

"是。"

"莱西少尉负责掩护。得手后迅速退入农田。"

原来这几个人不是早起下地的乌克兰农民，而是德军派出的特务破袭小组。他们的任务是在总攻时间到来之后，迅速破坏苏军指挥部的通讯联络。像这样的化装小组在各条战线上派出了几十个，分别负责破坏苏军的通讯和指挥系统，炸毁重要的军事目标，甚至暗杀苏军高级指挥员。

派来捷尔波诺尔的这个小组十几天前秘密潜伏溜进了边境，他们的任务本来是破坏弹药库和铁路干线，但是在几天的潜伏观察中，细心的组长劳伦德尼中尉意外地发现，在捷尔波诺尔郊外竟然有一个地方无线电信号特别活跃，而且这些天来不断有军用车辆出入。通过秘密的访问和侦察，他们认定，这里至少是一个集团军的司令部，甚至有可能是更高

▲ 一支德军摩托化部队悄悄潜入苏联境内。

级别的指挥部，于是上尉决定，临时改变计划，将这个指挥部作为破袭的主要目标。他还不知道，他瞄上的是一条多么大的鱼。

捷尔波诺尔正在建立的基辅特别军区指挥部中，电话铃声响作一团，各个地方、各个部队都报告各自的情况，司令员接到的报告表明，许多机场遭到了德国轰炸机群的空袭，多数飞机来不及起飞就被炸毁在跑道上；一些城市的重要目标——发电站、工厂等也遭到空袭。前线一些哨所报告德军装甲部队大举入侵，但是多数边防站立刻就失去了联系。基尔波诺斯将军已经急得扯开了上衣的纽扣。"快和各个集团军联系，我要他们的情况，我要下达命令！"

但是很多集团军的电话完全要不通，一些部队的通讯线路已经遭到了破坏。司令员越来越着急，在这种危机下，司令部如果失去了对部队的联系，该如何掌握全局？

基尔波诺斯将军站在军用地图前，注视着那片边境。突然，所有的灯都灭了，指挥所陷入了一团漆黑。

"怎么回事？"

"报告将军，全部停电了。可能是设备故障。"

"立刻检查！"司令员心想，如果真的是设备故障还好说，如果是德军有意的破坏，那就说明德军这次行动的胃口绝对不小，都破袭到军区司令部这儿来了。

紧接着，所有的电话也都被切断了。司令立刻意识到，德军的特务已经到了他的司令部。他立刻大声叫道："警卫营长，立刻组织人搜索司令部附近地域，加强各个地段的防范，小心敌人放冷枪！"

劳伦德尼中尉指挥他的小组成功地切断了司令部的电源，炸坏了变压器，还切断了电话总线，他相信，要全部修好这些设备，至少需要一两个小时的时间，而在这段时间内，这个指挥部就成了瞎子、聋子和哑巴，这也许能为大部队的攻击带来巨大的优势。中尉有些佩服自己的"壮举"，他突然对属下三个人说："我们现在撤退并且隐蔽起来简直是易如反掌。但是我想如果这里真是个指挥部，就一定会有些大人物出入，我们不如埋伏在门口的路边，等待有人出来时，趁机打上几枪，说不定能击毙个将军什么的。"

可能是被破袭行动的异常顺利冲昏了头脑，几个人都同意了中尉的建议。小组立刻扔掉了破袭器材，准备好枪支，选择在大路边距离门口 200 米左右的地方埋伏了下来。

等待了大约半个小时，突然一道亮光闪过，几部吉普车从大门内驶出来。

克里斯中士悄悄凑过来，趴在劳伦德尼中尉耳边说："中尉，下不下手？"

中尉小声说："人太多，不能动。"

没想到几辆车驶过他们面前，就在路边停住了，车上跳下十几个苏军战士，都拿着冲锋枪，他们开始对路两边的草丛和树林进行搜索，其中一组人正向中尉他们潜伏的地方走来。

中尉连忙小声命令："快撤。"

可他们4个刚刚站起来，每人的身后就多了一支冷森森的枪管。接着就是俄语："不许动，举起手来！"

6月22日3时30分，莫斯科苏军总参谋部。朱可夫将军已经料到战争开始了。他在20分钟前接到黑海舰队司令奥克佳布里斯基海军上将的电话，向他报告有大量来历不明的飞机正在向海岸接近。朱可夫命令他下达用舰队火力阻截敌机的命令。毫无疑问，德国人的空袭开始了，而这正是大规模地全面进攻的前奏。朱可夫回忆着刚刚下发到各个军区的命令，他希望各军区的司令能从中读到他的意思，而不要因"挑衅"、"不受干扰"这些用词而误会。一切只有看前方的了。朱可夫知道，不论进行多么积极的准备，以短短几个小时的时间来应付德军可能是策划了几个月甚至一年的突然袭击肯定是不够的，战争的初期将会是非常的被动。

一切灾难果然都来了！

3时30分，西部军区参谋长克利莫夫斯基赫打来电话报告，德军飞机空袭了白俄罗斯的城市。3分钟后，基辅军区参谋长普尔卡耶夫将军电报报告，德军飞机空袭了乌克兰的城市。3时40分，波罗的海沿岸军区司令员库兹涅佐夫将军报告，敌机空袭考纳斯和其他城市。

朱可夫和铁木辛哥元帅简单交换了一下意见，决定立刻电话告知斯大林。

朱可夫打电话到克里姆林宫，电话打通了，却没有人接。朱可夫一遍一遍不停地打，终于听到一位保卫部值班将军带着睡意的声音问："你是哪里？"

"总参谋长朱可夫。请你立即去请斯大林同志来接电话！"

"什么？现在？斯大林同志正在睡觉。"对方惊讶地说。

"请立即去，德国人轰炸我们的城市了！"一阵沉默。最后耳机里听到："请等一等。"

电话那头，克里姆林宫。斯大林在办公室的沙发上铺好了被褥，躺了一会，但并没有睡着。突然有人小声地敲门。敲门声令他心惊肉跳，因为很少有人敢在这个时候将斯大林叫醒，除非是发生了极其严重的事。难道他真的失算了？

斯大林裹紧睡衣走了出来。值班将军报告说："朱可夫大将有急事找您。"

斯大林心中猛地咯噔一下。他走到电话机旁，轻轻提起听筒。

"喂……"

朱可夫简明扼要地报告了德军飞机空袭基辅、明斯克、塞瓦斯托波尔、维尔纽斯以及其他城市的情况。报告之后，朱可夫没有听到斯大林的回答。

"斯大林同志，您明白我的意思吗？"

沉默。

"斯大林同志，您明白我的意思吗？"

斯大林在电话里发出了急促的呼吸声，他什么也没说。令他目瞪口呆、难以想象的重担毫无准备地落在了他的肩上。朱可夫的声音他一点也听不见了。违背他的意愿、意志和信心，希特勒下决心开战了。这时，斯大林的头脑中闪过了希特勒在他 60 岁寿辰那天发来的贺电：

约瑟夫·斯大林先生：

在您 60 寿辰之际，请接受我最衷心的祝贺，并为此表达我最良好的祝愿。祝您健康长寿，祝友好的苏联各族人民前程似锦……

斯大林默不作声。话筒那边又传来了朱可夫催命般的声音：

"斯大林同志，您明白我的意思吗？"

他终于明白了，人间的神灵也是会犯错误的，可这个错误的代价太大了，也许足以颠

▼ 从空中入侵苏联的德国飞机。

覆这个神灵的地位。

斯大林定了定神，问道："国防人民委员在哪里？"

"在同基辅军区通电话。"

斯大林说："你和铁木辛哥到克里姆林宫来一趟。告诉波斯克列贝舍夫一声，让他召集全体政治局委员。"

早晨 4 时 30 分，克里姆林宫。朱可夫和铁木辛哥到达斯大林的办公室，全体政治委员已经到齐。

斯大林脸色苍白，坐在桌旁，手里握着装满了烟草的烟斗，但并没有点燃。他说："应该立即给德国使馆打个电话。"

使馆答复，大使冯·舒伦堡勋爵要求接见，他带来了紧急通知。于是由莫洛托夫代表政府接见大使。

过了不久，莫洛托夫匆匆走进办公室，环顾了一下屋中坐的政治局常委们，用沙哑的嗓音挤出一句话："德国政府已经向我国宣战。"

莫洛托夫看了一眼手中的纸片，补充道："形式上有一个标准的借口：纳粹德国决定预先防止俄国人正在准备的进攻……"

斯大林颓然坐在椅子上，沉思起来，气氛又变得沉重而且凝滞。斯大林看了莫洛托夫一眼，他想起来，半年前就是在这间屋子里，莫洛托夫从柏林访问回来后，信心十足地报告：

希特勒在同英国及其盟国的斗争中寻求我们的支持。应当等待他们的对抗尖锐化。希特勒坐卧不安……有一点是清楚的——他不敢同时在两条战线上作战。我想我们有时间来巩固西部的国境线。不过要分外小心，因为我们是在和一个冒险分子打交道……

斯大林看了一眼莫洛托夫，显露出坚毅的神情。"我们有时间……"这也算是一个有先见之明的人……斯大林心头的不安越来越强烈。他感到，自己被厚颜无耻地欺骗了。也许，这是他多年来第一次感到不知所措和信心不足。"领袖"已经习惯于事态按照他的意志发展。他不想让这些战友看出他的软弱，大家都在等待他的看法和吩咐。

过了一会，铁木辛哥元帅打破了沉默：

"斯大林同志，您允许报告一下局势吗？"

"好吧。"

第一副总参谋长瓦杜丁走进办公室，他简明扼要地报告了一下局势，其中没有多少新消息：在猛烈的炮轰和空袭之后，德军的大部队在西北方面和西面的许多地区侵入了苏联领土。许多边防小队在第一次战斗中就遇到了庞大的德国战争机器，他们牺牲了，但没有放弃阵地。敌人的空军在不断地轰炸各个机场。由于很多地方和部队都失去了通讯联系，总参谋部也没办法掌握更多其他的具体材料。报告结束了，办公室又陷入了可怕的沉默。

一阵长时间的沉寂之后，朱可夫首先发言，他建议立即用各边境军区所有兵力猛烈还击入侵之敌，制止其继续前进。

"不是制止，而是歼灭。"铁木辛哥补充道。

斯大林无力地说："下命令吧。"

No.2 正中敌人下怀的防御术

6月22日7时15分，根据当时非常片面的情报得出的判断，斯大林和朱可夫、铁木辛哥筹划好了发给部队的第二号命令。铁木辛哥以总军事委员会的名义发布了这一命令：

1941年6月22日凌晨4时，德军航空兵毫无理由地袭击了我国界沿线的机场和城市，对其进行了轰炸。同时，德军在各地开始炮击，并越过我国国界。

鉴于德国方面空前厚颜无耻地进犯苏联，我命令：

1. 军队调集全部兵力兵器向敌军发动猛攻，并将其消灭在侵犯苏联国界的地域。未接到特别号令，地面军队不得越过边界。

2. 侦察航空兵和战斗航空兵察明敌航空兵集中地点和敌地面军队部署。轰炸航空兵实施猛烈突击消灭敌机场上的飞机，轰炸其地面军队基本集团。航空兵对德国领土的突击纵深为100～150公里。要轰炸柯尼斯堡和梅梅尔。未接到特别指示不得对芬兰和罗马尼亚领土进行空袭。

而此时，实际上在三个方向的战线上，边境线已经被德军全面突破，航空兵损失飞机1,200余架，其中有800多架都是被炸毁在跑道上的。而苏军许多师是在德军轰炸和炮击以后才紧急动员起来，一些部队尚未到达指定地域，就在途中遭遇了德军坦克群，被迫在行进中投入战斗。由于通讯设施遭到德军的破坏，各军区和各集团军没能迅速接到命令，而且接到命令的部队也无法按照命令去执行。苏军在德军的突然袭击下，陷入一片混乱。在这种态势下，第2号命令根本就没法得到执行。许多下达的命令，只是给仓促迎战的主力部队增添了混乱而已。

22日上午9时，朱可夫与铁木辛哥乘车以最快速度驶往克里姆林宫，向斯大林汇报苏联最高苏维埃主席团关于实行全国动员和成立统帅部的命令草稿以及其他一些问题。

波斯克列贝舍夫把他们带到了斯大林办公室，短短 12 个小时之内，朱可夫已经 3 次进出这个地方了。政治委员们也全都在那里，大家都默不作声。

斯大林手里拿着烟斗，默默地在办公室里踱来踱去，"好，请吧！你们有什么事情报告？"他问道。

铁木辛哥报告了关于成立统帅部的草案。斯大林看了看，放在桌上，说："政治局讨论一下。"

斯大林又把实行动员的命令草稿看了一遍，对总参提出的动员范围作了某些压缩，然后把命令交给波斯克列贝舍夫送最高苏维埃主席团批准。命令宣布，对 1905 年至 1918 年出生的有服兵役义务的人实行动员，并在苏联的欧洲部分实行军事管制。

下午，斯大林突然给朱可夫打电话说："我们各个方面军司令员缺乏足够的作战指挥经验，看来有点发慌。政治局决定派你到西南方面军担任统帅部代表。还准备派沙波什尼科夫和库利克去西方面军。你必须马上飞往基辅，会同赫鲁晓夫到捷尔诺波尔的方面军司令部去。"

朱可夫听完愣了一下，紧接着问道："在目前这样复杂的形势下，由谁来领导总参谋部呢？"斯大林说："把瓦杜丁留下吧。"然后稍微带点怒气地补充道："请你抓紧时间，我们这里好歹可以应付。"

朱可夫刚刚离开，总参谋部就在斯大林的直接领导下拟定了第 3 号命令。这个命令也是完全建立在对局势错误判断基础上的盲目决定。瓦杜丁通过电话将这一命令告知朱可夫，并说："这一命令要求我军转入反攻，粉碎主要方向上的敌人，并向敌人领土挺进。"

朱可夫立刻提出："可是我们还不能确切地知道敌人在什么地方以多少兵力实施突然袭击。天亮以前先把前线发生的情况搞清楚，然后再定下决心，是不是更好些呢？"

瓦杜丁无奈地说："我同意你的看法，可是统帅部已经决定了！"

朱可夫不由得有点寒心："那好吧，替我签上名字吧。"

6 月 22 日 21 时 15 分，第 3 号命令下发给了各个军区和部队。电报开头是情况判断，它正确地指出，敌人正向弗拉基米尔－沃伦斯基和拉泽胡夫，即向第 5 集团军中央和左翼实施主要突击。但是对战争第一天的总结过于乐观了。电报指出：敌人仅仅在这些方向以很大的损失为代价取得了很小的战果。而在苏德和苏罗边界的其他地段，进攻者的冲击都被打退了，他们遭到了很大损失。要求"西北及西方面军应采取集中突击的方法包围并歼灭敌苏瓦乌基集团，至 24 日黄昏占领苏瓦乌基地区"。对西南方面军的命令是："坚守苏匈边界，以第 5、6 集团军、至少 5 个机械化军和方面军全部航空兵向卢布林总方向实施集中突击，合围并消灭在弗拉基米尔－沃伦斯基至克雷斯特诺波尔正面进攻的敌军集团，6 月 24 日日终前攻占卢布林地域……"斯大林命令："在从波罗的海直至与匈牙利接壤的国境线上，我允许越过国境线以及不受国境线限制的行动。"一句话中3次出现"国境线"，这样别扭的措辞显示出了他的慌张和焦躁。

只要分析一下当时的客观形势就会发现，这是一条根本不切合实际的、武断的命令，如果说它发生过一点作用的话，那就只能说是使苏联混乱的民心得到了些许的安慰。接到命令的军区和集团军司令员们不仅几乎完全不知道敌人在哪里，有多少兵力，同时对于自己麾下的部队处在一种什么样的状态，甚至于它们是否还存在都完全毫无把握。由于通讯设施的破坏，许多命令根本无法传达下去，而传达的命令很多也因为情况的急遽变化而无法贯彻。依据第3号命令，苏军摆出的这种反击态势，正中希特勒的下怀。早在"巴巴罗萨"计划的雏形——"弗里茨"计划中，冯·洛斯堡就对苏军受到进攻前后可能作出的反应作出三种判断：

第一，在德军开始展开时主动出击；第二，在两翼坚守波罗的海和黑海沿岸阵地的同时，在中央边界附近的展开地域迎击德军进攻；第三，主动撤至纵深地带，而后对战线拉长和补给困难的德军实施反击。并且认为第二种可能性对德军最为有利，可以使德军中央集团军主力合围出击的苏军主力，以求大规模歼敌，然后迅速向纵深挺进。第三种对德军最为不利，虽然初期进军阻力不大，但是苏联保护了部队主力，使得德军必须在苏联领十纵深处，补给困难的情况下展开主力决战。而斯大林的第3号命令恰恰采取的就是类似洛斯堡第二种判断的行动，这正是希特勒最希望看到的情况。

下达这种无法完成的命令，带给部队的直接影响就是造成指挥的混乱和朝令夕改。司令部不断发出新的命令，其中很多根本无法执行，很多命令在尚未执行时，又被撤销或改变，有时互相矛盾，简直像是自己抽自己的嘴巴。西南方面军第8机械化军军长里亚贝舍夫在

◀ 正在向德军射击的苏军士兵。

▲ 这是一张侵略刚开始时拍下的照片，德军突袭队在拂晓时穿过苏联边界一座未加防守的大桥。

回忆战争的最初几天的记述中，描述了这种情况：

直到 22 日 10 时，我才接到 26 集团军司令员的命令，让我军在桑博尔市以西集结……我们行军 80 公里后，在 23 时到达指定的集结地区，

而在 22 时 30 分又接到新的命令：23 日 12 时前，我军应开到利沃夫以东 25 公里处。这天下午，已划归第 6 集团军的我军又奉命开到亚沃罗夫地区……我们赶到了。23 时，西南方面军司令员的命令又给我们提出了新任务：开进到布罗德地区，26 日早晨在别列斯捷奇科方向对敌人实施突袭。而在此之前，我军一天半中行军 300 公里……6 月 25 日，第 8 机械化军在布罗德集结。早晨转入进攻，获得局部胜利，但整体来说没有完成任务，燃料耗尽了，空中只有德军飞机。27 日 4 时，我们接到新的命令：全军后撤，作为方面军的预备队。我们开始后撤。6 时 40 分来了新命令：向布罗德——杜布诺方向对敌人实施突击。但部队已经开始后撤。10 时，西南方面军军事委员、军级政委瓦舒金来到军指挥所。他以枪决相威胁，要求我执行命令。但部队已被包围。后来查明，方面军司令部原定的进攻已经取消了……

据里亚贝舍夫证实，由于战斗和不断的调动，"撤到第聂伯河左岸的只有不超过 10% 的坦克、21% 的装甲车辆。后来该军即被解散……"

6 月 22 日晚，捷尔波诺尔，西南方面军司令部。作战处长巴格拉米扬上校收到了统帅部发来的对德军进行反击的命令。

统帅部以错误的判断为根据,规定了6月23日和24日的任务。对西南方面军的命令是:"坚守苏匈边界,以第5、6集团军、至少5个机械化军和方面军全部航空兵向卢布林总方向实施集中突击,合围和消灭在弗拉基米尔－沃伦斯基至克雷斯特诺波尔正面进攻的敌军集团,6月24日日终前攻占卢布林地域……"

上校倒吸了一口凉气,他知道这是无法完成的任务!但没有时间多思索了。巴格拉米扬抓起文件朝方面军参谋部跑去。一路上,他琢磨着能向参谋长提什么建议。

当巴格拉米扬开始给普尔卡耶夫读电报时,参谋长以明显不信任的眼神看了上校一眼,然后一把夺去了电文,反复看了好几遍。两人迅速交换了意见,他们的意见是一致的:进攻为时尚早。普尔卡耶夫拿起情况图和训令,和上校一起走到方面军司令员那里。

"我们该怎么办,米哈伊尔·彼得罗维奇?"普尔卡耶夫一进门就开始说,"我们能在边界上顶住敌人,并且在防御战斗中把它打散就该谢天谢地了,可是现在却要求我们后天就夺取卢布林!"

基尔波诺斯并未急于作结论。他默默伸出手来拿过文件,仔细地读完,然后拿起电话机的听筒:

"尼古拉·尼古拉耶维奇,请到我这儿来。"

军事委员会委员瓦舒金像平时一样朝气蓬勃而又精力充沛。司令员把训令递给他。瓦舒金很快过了目,身子往沙发椅背上一靠,环顾在场的人。

"有什么办法呢,同志们,收到了命令就得执行呀。"

"话是这么说,尼古拉·尼古拉耶维奇,"普尔卡耶夫说,"但我们现在还没有做好这种准备。我们暂时只能考虑防御,而不能考虑进攻。"

瓦舒金听到这儿欠起了身子。参谋长以坚决的口气继续说:

"让我们头脑清醒地分析一下态势吧。仅在卢茨克方向柳博和索卡利之间的地带,就有敌人10个步兵师和坦克师在进攻。我们怎样才能挡住它们呢?我们知道,我步兵第45、62、87、124师在这里都只展开两个团。他们的第3个团还在行军。明天,我们在这一地域最多还会有步兵第135师和机械化第22军的两个师,而且该军最有战斗力的坦克第41师还未必能赶到。"

"因此,"普尔卡耶夫得出结论,"明天我们在这一方向最多可调集不到7个师去对付敌人10个师。还谈得上什么立即进攻呢?"

瓦舒金试图说几句,但普尔卡耶夫不让他插话,继续说:

"况且我们应该料到,敌人今天只是把他的第一梯队兵力投入交战,以后几天无疑会增强兵力，而且比我们迅速得多。你们看，"参谋长用铅笔戳了地图一下，"仅在这里，乌斯季卢格西北，我们的侦察部门在 16 时就发现了敌人 200 多辆坦克正在集中。而这还不是发现的敌人坦克预备队的唯一地域。"

军事委员会委员利用普尔卡耶夫察看地图而沉默片刻的机会，不耐烦地问道：

"您都说完了吗？马克西姆·阿列克谢耶维奇？"

"不，没说完。"

参谋长两眼不离地图，继续发表自己的见解："我由纵深向第 5 集团军地带开进的所有第二梯队军队，距边界远近不一：步兵第 31、36 军需要走 150～200 公里。考虑到步兵是徒步行进，走完这段距离至少需 5～6 个昼夜。机械化第 9、19 军最早要过 3～4 个昼夜才能集中和对敌人主要突击集团发起进攻。只有机械化第 4、8、15 军有可能在 1～2 天后向交战地域变更部署。"

"还不能不考虑到，军队向边界行进时会遭到法西斯航空兵不间断的密集突击。不难设想，这种状况将会使军队变更部署和进入交战变得复杂化。还应指出，目前我们实际上是既没有集团军后勤，也没有方面军后勤，因为尚未对它们进行充分动员和展开。

结果是，我们的主力不可能同时到达交战地点。各军显然将各自进入交战，因为它们将要从行进间与向东突进的德军遭遇。这样就会在对我最不利的条件下发生遭遇交战。这对我们有怎样的威胁，现在还很难完全设想到，但我们的处境无疑会是困难的。"

随着普尔卡耶夫一句又一句的分析展开，基尔波诺斯和瓦舒金的神色越来越阴郁了。瓦舒金已经不急于打断参谋长的话了。

普尔卡耶夫用手掌按着地图："我们只有向莫斯科报告已经形成的情况，并坚决请求改变任务，司令员同志。现在我们只能以顽强战斗迟滞敌人推进，同时以组成我第二梯队的各步兵军和机械化军，在方面军行动地带纵深沿科罗斯坚、沃伦斯基新城、舍佩托夫卡、旧康斯坦丁诺夫、普罗斯库罗夫等筑垒地域一线组织坚固防御。将敌人阻于该地区后，我们就有了准备总反攻的时间。待掩护军队退至筑垒地域线后面之后，我们再用作预备队。在当前情况下，我看这才是唯一明智的决定。"

出现了短时间的沉默。基尔波诺斯将军沉思着用手转着铅笔。军事委员会委员瓦舒金首先开言。"您所说的一切，马克西姆·阿列克谢耶维奇，"他走近地图，"从军事角度来看，可能也是正确的，但在政治上，我认为是完全错误的！您思索问题像个大军事家，兵力配置呀，力量对比呀，等等等等。可是您考虑过精神因素吗？没有，您没考虑过！那么，您该想一想，假如我们这些教育红军具有高度进攻精神的人从战争最初几天就转入消极防御，

▲ 苏军正在接受检阅。

不加抵抗地把主动权拱手让给侵略者，那将造成多大的精神损失！而您还建议放法西斯分子深入苏联腹地！……"

军事委员会委员喘了一口气，较平静地补充了几句："您知道，马克西姆·阿列克谢耶维奇，您是我们的战友，假如我不知道您是一个久经考验的布尔什维克的话，我就会认为您惊慌失措了。"

瓦舒金发现普尔卡耶夫那张颧骨宽大、晒得黝黑的脸上滚动着因咬紧牙关鼓出的肌肉，便温和地说："请原谅，我并不想使您受委屈，我只是无法隐瞒我的想法。"

又是一片沉寂。终于，基尔波诺斯从地图上移开了视线，开始缓慢地说："我认为你们俩说得都对。对于您的建议在作战方面的合理性，没有什么可反驳的，马克西姆·阿列克谢耶维奇。您的建议只有一处弱点：旧筑垒地域没有做好接收军队的准备，不能向军队提供顺利实施防御的有利条件。"

"是的，但是第二梯队军队在工兵帮助下，可以迅速做好战斗准备……"

基尔波诺斯没有回答普尔卡耶夫的反驳，用同样平静的语气继续说："但是，从另一方面来说，尼古拉·尼古拉耶维奇的逻辑和意见也不是多余的。命令总是命令，它是需要执行的。如果每一个司令员接到战斗命令后，不是无条件地执行，而是提出自己的反建议，那是不会有好结果的。当然，6月24日日终前拿下卢布林，我们未必能做到。不过我们应该试试，对入侵之敌实施强大的反突击。为此，我们可以调集近5个机械化军。

"我认为，现在主要的任务是迅速将各机械化军集中到交战战场，同时实施强大反突击。马克西姆·阿列克谢耶维奇，现在需要立刻将有关战斗号令传达到军队，并监督执行情况。要特别注意在开进和进入交战时对各机械化军进行可靠的空中掩护。与此同时，要给波塔波夫规定以下任务：他的集团军要以全部兵力兵器与第6集团军右翼协同动作，在方面军航空兵基本兵力支援下，不让法西斯军队继续向我国腹地推进。"

"这才是实事求是的话。"瓦舒金表示支持。

基尔波诺斯看着沉思的同事们，结束了谈话：

"沉默是同意的标志。我看出我的决心正合你们的心意。"

瓦舒金表示热烈赞同。普尔卡耶夫默默点了点头。

为什么下那样的决心呢？司令员基尔波诺斯认为，在严重的、威胁越来越大的情况下，主要的不是让方面军转入消极防御，而是保持观点和行动的统一，尽力帮助统帅部实现原定计划，因为不仅西南方面军，而且友邻方面军的局势都决定于此。

这时，总参谋长朱可夫大将和被任命为方面军军事委员会委员的赫鲁晓夫来到捷尔波诺尔。在组织军队指挥方面素以具体、明确见长的朱可夫赞同方面军首长的决定，并建议马上下达准备反突击的命令。

No.3 饿狼来了！

6月22日早晨，莫斯科。全体政治局常委都聚集在克里姆林宫斯大林的办公室里。每个人都审阅过了朱可夫和铁木辛哥呈送来的关于实行全国动员的命令草案。大家又陷入了沉默，都在等待斯大林站出来说点什么，但是斯大林也只把沉默的背影留给政治局委员们。过了好久，加里宁慢慢地说道："在发布全国动员命令的同时，我们还应该通过广播和报纸的方式，将战争已经开始的情况告诉人民，必须让人民群众知道国家目前的处境，并且动员他们勇敢地面对战争，武装起来保卫祖国。"

斯大林抬起头，说道："当然要这样，这是必须的。"

然后他就什么也不说了。大家在等着他下个命令，由谁来起草这份公告，由谁来对全国人民广播？可是斯大林却转过头去，什么也不说了。加里宁只能问道："那么由谁来起草并宣读这份公告呢？"

斯大林淡淡地说："就由您来拟个稿子，我们大家讨论一下好了。"他仍然回避了重要的问题。政治局的委员们早已习惯了在这种重大时刻听从斯大林的主张，由斯大林作为党和政府的领袖代表大家承担重任。这次斯大林反常地回避，反而让大家有点不知所措。

米高扬站起来说道："这种时刻，我认为应该由党的总书记亲自发动对全国人民的号召。"

斯大林立刻打断了他，几乎是想都没想地拒绝道："不，在目前前线状况尚不清楚的情况下，我向人民群众报告战争是不合适的。"

米高扬看了一眼斯大林，他发现了斯大林激动异常的表情，他的眼睛在闪烁，目光在游移。米高扬心头重重地颤了一下，因为他在斯大林眼中看到的，是他从来没有在哪里见过的，甚至都不敢想象的东西，那就是恐惧。是呀，这是一个多么重大的责任，他一直在教育人民说不会发生战争，即使发生战争，敌人也将在他自己的领土上被粉碎等等，可是如今敌人正在粉碎我们的边境甚至我们的红军主力，必须向人民承认我们正在遭受失败，而站出来发言的人，就等于是在承担这个失败的责任。斯大林也不是神，他不敢去承担如此重大的责任。

斯大林确实没有要站出来发表这个公告的勇气。目前他还根本不知道前线发生了什么，不知道可能的失败会不会对他在党内和人民群众中的威信造成影响。这个时候发言，实在是太危险了。斯大林暗暗盘算，他的红军已经做好了应战的准备，人民也将动员起来，也许很快局势就会明朗一些，也许几天，也许一两个星期后就会有重大的胜利，到那时他再向全国人民发布红军狠狠地打击了侵略者的消息岂不是更好？斯大林退缩了。谁还敢站出来呢？一个胖胖的老头站了起来，用沙哑的嗓音慢慢地说道："那由我来播发这一公告吧！"这正是苏联外交人民委员莫洛托夫。他从得知战争开始的时刻起，就在心里进行着严厉的自责。半年前是他信誓旦旦地对斯大林保证，希特勒在结束对英作战之前不会来攻击苏联。他想，也许这次失败，追根溯源，责任只能落在他的身上了。他从斯大林这几个小时对他说话的态度和看他的眼神里，感觉到斯大林正在怨恨他。既然没有退路，不如干脆承担责任。

22日中午12时整，通过广播，莫洛托夫那略显沙哑但很厚重的嗓音开始在莫斯科的广场和街头，在工厂的车间，在学校的操场，在每一座居民楼里面回荡：

今天早晨4时，德国军队未向苏联政府提出任何口实，未经宣战就对我国发动了进攻，在许多地方侵入了我国国境，派出飞机轰炸了我们的城市。我国人民面对凶恶的敌人的进攻已经不是第一次了，我们的人民用卫国战争回敬了拿破仑的进攻并使他遭到失败。现在我们面对这凶恶的法西斯分子发动的反对我国的新的进军，红军和全体人民一定要把保卫祖国，保卫幸福，保卫自由的胜利的卫国战争进行到底。我们的事业是正义的，敌人必败，胜利一定属于我们！

　　莫斯科的人们惊讶地听到了这一公报。他们还想象不到，300万德国军队正像饥饿的狼群向他们猛扑过来，希特勒已经下定了彻底消灭他们的决心。他们也不知道，很多俄罗斯的优秀儿女还没来得及拿起枪，就被德军的战火吞噬了生命。但是他们知道，自己的生活会发生一些变化，自己要准备好，随时为了祖国而献出生命，或是献出自己的亲人、孩子。苏联作家科斯莫杰米扬斯卡娅在《卓娅和舒拉的故事》一书中，这样描写那一天后方苏联人民的处境：

　　……我们知道，战争是死亡，它要卷去千万人的生命。我们知道，战争是破坏、灾祸和苦难。可是在那过去已久的第一天，我们就没想象到战争给我们带来的一切灾害。我们还不知道什么是空袭，什么是防空壕，什么是防空洞，可是很快地就需要我们自己做这些东西了。我们还没听见过炸弹的哨音和爆炸。我们还不知道，由于空气的波动，窗上的玻璃会被震得粉碎，锁闭着的门扇会脱框飞起。我们还不知道什么是撤退，什么是挤满了孩子的列车。而敌人则从飞机上无情地、有计划地射击这些列车。我们还没听说过关于敌人彻底地焚烧农村、破坏城镇的事。我们还不了解那绞架、酷刑、万人坑——掩埋数万妇女、患病的老人、在母亲怀抱中的婴儿的坑。

　　我们还不知道有把受尽侮辱的人，成千上万活活烧死的火炉。我们还不知道有用人发织成的"麻布"和用人皮制的书皮……我们还不了解很多事。我们习惯了尊重人性，爱护儿童，把他们看作未来的希望。我们还不知道外形无异于人的野兽会把吃奶的孩子投到火里。我们不知道这场战争要延续多长时间……

▲ 德军飞机猛烈地轰炸苏军空军基地。

第五章

坦克大战

　　战争初期，德军的优势不仅来源于大规模袭击的突然性，以及武器的先进，更来源于闪击战理论的强大力量。德军装甲部队中，有许多熟谙新式战法、擅长指挥坦克集群闪击作战的优秀指挥官，曼施坦因就是其中最杰出的一位。由于有了性能先进的坦克、配置得当的快速突击兵团，以及勇猛果敢的指挥官，德军的推进速度创造了战争史上的奇迹，也让他们的对手难以置信。然而俄罗斯民族特有的勇敢与坚定，也让德军遭遇了第二次世界大战以来最为顽强的抵抗。一场空前激烈的坦克会战在乌克兰大地上展开。

No.1 孤军深入

6月22日白天，在德军北方集团军群的进攻方向上，一支装甲部队不顾一切地拼命向前冲杀，将己方的主力部队都远远甩在了身后。遇到苏军的抵抗也不过多地缠斗，只是迅速地击溃苏军，然后继续前插。坦克纵队在苏联的公路上行进，卷起漫天沙尘。一辆装甲车钻出尘雾，从纵队的后面赶到前面。车上坐的就是这支部队的指挥官，德军第56装甲军军长，" '二战' "中战功最"卓著"的德军将领之一——曼施坦因。

弗里茨·埃里希·冯·曼施坦因1887年11月24日生于柏林的莱温斯基家族。生父爱德华·冯·莱温斯基炮兵上将曾任军长。弗里茨因过继给姨父曼施坦因中将而改姓曼施坦因。德国著名的兴登堡元帅是其伯父。

曼施坦因先在斯特拉斯堡接受普通教育，后在数所军校受训。1906年赴第3普鲁士近卫步兵团服役，次年获少尉军衔。1913～1914年在军事学院深造。第一次世界大战爆发时，任第2近卫预备团中尉副官。战争时期先后在比利时、东普鲁士和波兰作战，担任过副官、参谋、骑兵师作战科长和步兵师作战科长，获得一级铁十字勋章和霍亨索伦王室勋章。战后，在受到《凡尔赛条约》限制的国防军中担任过3年连长、1年营长以及多种参谋职务。

1933年，曼施坦因晋升为上校。次年，出任柏林第3军区司令部参谋长。1935年，就任德军总参谋部作战部部长。1936年10月，晋升为少将并被任命为德军总参谋部副总参谋长。

受普鲁士军事传统影响的曼施坦因曾经对纳粹党干预军队事务表示不满，后来于1938年2月初受弗里奇事件牵连而被免去副总参谋长职务，调任莱比锡第18步兵师师长。1938年9月，在德军侵占捷克斯洛伐克过程中出任勒布指挥的第12集团军的参谋长。1939年4月，晋升为中将，出任伦德施泰特的参谋长，主持制订入侵波兰南部和进攻华沙的计划。1939年9月，德国实施"白色计划"，闪击波兰。曼施坦因在波兰战争中担任德国南方集团军群司令伦德施泰特的参谋长。10月，曼施坦因调任西线新编组的A集团军群司令部参谋长。

波兰战争结束之后，希特勒就开始策划进攻西欧诸国。1939年10月19日和29日，陆军总司令部根据10月9日的希特勒批令而制订颁发了"黄色计划"，其要点包括：B集团军群从北翼担任主攻，经过荷兰进入比利时北部，歼灭预期遭遇的盟军；A集团军群从南翼担任助攻，保障B集团军群的翼侧安全；C集团军群则防守从卢森堡边界至瑞士一线的齐格菲防线。

曼施坦因在深入研究"黄色计划"的内容和全面分析作战双方的情况之后，认为"黄色计划"有模仿"白色计划"之嫌，难以出奇制胜，故此主张：西线攻势的目标应该是陆地寻求决战；攻击的重点应该放在A集团军群方面而不应该放在B集团军群方面，A集团军群应从地形复杂却能出其不意的阿登地区实施主攻，挥师直指索姆河下游，这样才能全歼比利时的盟军右翼，并为在法国境内赢得最后胜利奠定基础；A集团军群的兵力应由2个集团军增到3个集团军，此外还需增加强大的装甲部队。此即著名的"曼施坦因计划"的要旨。曼施坦因的主张得到A集团军群司令伦德施泰特的赞同。从1939年10月到1940年1月，A集团军群司令部先后以备忘录的形式6次向陆军总司令部提出上述建议，仍未得到同意。

也许是陆军总司令部对曼施坦因一再要求改变作战计划感到厌烦，1940年1月27日，曼施坦因奉命离开集团军群司令部，出任新组建的第38军军长。然而让曼施坦因感到幸运的是，在希特勒的副官施蒙特的帮助下，于2月17日"得以当面向希特勒陈述我们的意见"并得到希特勒的完全同意。2月20日，陆军总司令部颁发包含曼施坦因建议的作战计划。结果，德军在战争发起后的6个星期内横扫西欧诸国，大败盟军。

1941年2月底，在法国西北沿海的小镇李托奎特交卸了第38军军长的职务，曼施坦因改任德军第56装甲军军长的新职。第56装甲军正在组建中，军部设于德国中部。这个装甲军下辖德军第8装甲师、第3摩托化步兵师和第290步兵师3个师。这次对曼施坦因来说，可是遂了心愿。早在西线战役开始之前，他就一直想指挥一个装甲军，把自己酝酿多时的新战术加以实践。

1941年5月间，曼施坦因接到了对苏联战争的作战命令，这个命令没有细节，只是指示他的56装甲军隶属于一个装甲兵团而已。当然，作为一个普通军长，事先是无权过问对苏战争计划细节的。

曼施坦因的第56装甲军隶属于第4装甲兵团，而第4装甲兵团又隶属于北方集团军。北方集团军总司令是勒布元帅，主要是从东普鲁士进攻，歼灭在波罗的海地区的苏军，然后再向列宁格勒前进。

第4装甲兵团司令是克卢格上将。第4装甲兵团的任务是挺进苏斯克对岸和维拉河上，占领渡河地点，随即向阿波卡方向前进。第4装甲兵团的右翼为16军团，司令为布歇上将；左翼为第18军团，司令为屈希勒尔上将。

苏联西部的地理状况并不利于大装甲兵团的行动，因为这里河湖众多，要深入内地必须经过一些重要桥梁和渡口，苏军只要事先埋设炸药，等德军接近时炸毁桥梁和渡口，就

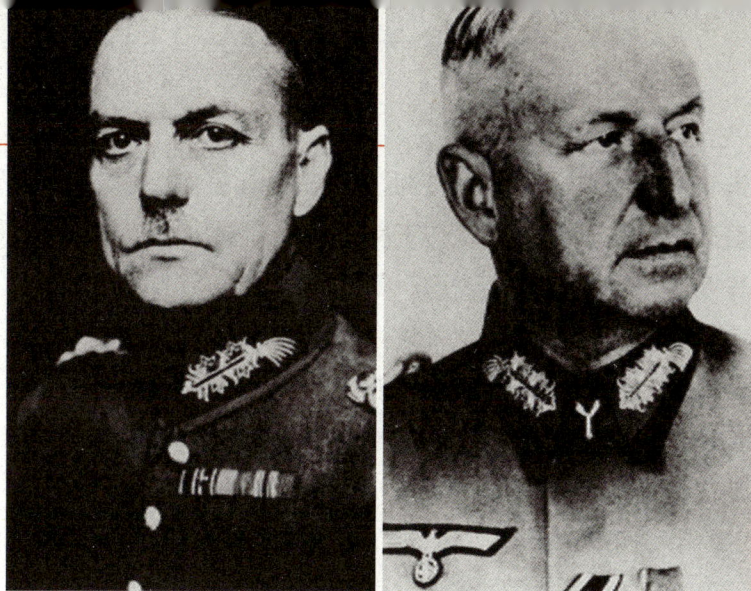

◀ 伦德施泰特（左）
埃里希·冯·曼施坦因将军（右）

可以凭借江河天险阻挡德军的装甲兵团一段时间。德军要完成"巴巴罗萨"计划规定的闪击任务，就必须以神兵天降般的速度完好地抢占这些渡口。具体到北方集团军群中，就是完整地夺得维拉河上的桥梁，为进一步攻击列宁格勒打下基础。这条大河是一个可怕的障碍物，而完整地夺取河上的桥梁，直接关系到德军装甲部队的行进速度，成为体现和发挥闪击战特长的关键所在。这就是曼施坦因所属的第 4 装甲兵团的先期任务。这实际上是一场赛跑，看哪一个军最先夺到维拉河上的渡口。

1941 年 6 月 16 日，曼施坦因到达了第 56 装甲军的集结地区。他的顶头上司，第 4 装甲兵团司令克卢格上将向曼施坦因下达命令："第 56 装甲军应从米美尔河以北、提尔希特以东的森林地区向东突破，以到达通向柯弗罗东北面芬克斯的大路。在其左面，第 41 装甲军，军长南哈特将军，下辖第 1 和第 6 两个装甲师、第 36 摩托化步兵师和第 269 步兵师，应向贾何布塔德的维拉河渡口前进，党卫军'死人头'师也配属于这个兵团，战役开始时随后跟进。随着战役发展的情况，再配属给前进最快的军。"

接受完任务之后，第 41 装甲军的军长南哈特将军问曼施坦因，估计要多少时间能到达芬克斯。曼施坦因回答说，如果在攻击开始 4 天之内达不到目标，德军就很难完整地攻占这些渡口了。

6 月 17 日，第 56 装甲军展开完毕，在以后的几天内，全部进入进攻出发阵地，完成了一切进攻的准备。曼施坦因命令各师对武器装备以及携带的弹药和油料，作了最后一次检查。在攻势开始的前几天，曼施坦因接到了一个从最高统帅部来的命令，这就是臭名昭著的所谓"政委命令"，要求对苏联战争开始之后，德军对于俘虏的苏联军队中的政治委员和其他政工人员，均一律就地枪决，以表示对布尔什维克的痛恨。

这个命令遭到了曼施坦因和其他德军高级将领的抵制。他们认为，虽然从国际法的观点来看，苏联军队中"政治委员"的身份很特殊，他们不能算是一般的军人，但又不像牧师、军医和战地新闻记者那样可以获得非战斗员的身份。因为他们也直接参与战斗，而且其勇猛程度不亚于一般战士。如果从传统的战争意义来说，他们的战斗活动是非法的。正是由于这些军队中的"政治委员"，把战争的最大残酷性带进部队，这是与普鲁士军人的传统行为和传统态度完全不合的。但是不管国际法中对"政治委员"的地位是采取何种看法，要把俘虏就地枪决，总是违反了军人传统的职业精神。如果执行了这一命令，则不仅有损于军人的荣誉，而且对德军士兵也很难自圆其说。所以，曼施坦因向集团军司令直言，他指挥的所有部队都不会执行这个枪决苏军政委的命令。曼施坦因属下的几个师长和军参谋人员也完全同意曼施坦因的意见。因为如果执行这类命令，不仅有损军人荣誉，而且更会打击士气。很明显，这个命令只会促使苏军的政委们用一切最野蛮的手段迫使部队拼命打到底。

6月21日13时，曼施坦因在军部接到命令，6月22日凌晨3时做好攻击前的各项准备工作，4时开始攻击。对苏战争的骰子已经掷下了。总攻一开始，勒布元帅率领德军北方集团军，分别从各个方向向前疾速推进。第56装甲军的集中地在米美尔河以北的森林中，克卢格分配给曼施坦因的空间极为有限，所以曼施坦因只能命令第8装甲师和第290步兵师向苏军边界阵地实施主要突击，而第3摩托化步兵师则暂时留在米美尔河以南。

继飞机轰炸和猛烈的炮火准备之后，曼施坦因命令部队发起冲击。最初只遇到了轻微抵抗，但不久就为苏军构筑良好的碉堡群所阻挡，残存的反坦克火力迟滞了德军的装甲部队。直到中午12时，第8装甲师才在米美尔河以北通过了碉堡封锁线。

正当曼施坦因的坦克集群准备冲出丛林地带，夺取公路直插向纵深时，几个通信兵突然跑到他的指挥车前。

"报告军长，前面树林里发现了好几具我军士兵的尸体。"

曼施坦因感到很奇怪，这里并没有发生战斗，难道是他的先头部队遭到了敌人的伏击？他立刻派军部参谋去查看一下是哪支部队的士兵。参谋人员查看了这些士兵身上佩带的番号，然后向他们的军长报告说，从尸体上的番号来看，他们是一支德军边境巡逻队，在战斗开始时被苏军俘获，全体人员都被杀死，尸体被残酷地肢解，景象非常恐怖。曼施坦因默默地走过去看了一下，然后命令士兵掩埋了这些同胞。

怒火开始在曼施坦因胸中燃起：我们没有执行"政治委员"命令，就是因为恪守军人的道德，可是这些苏军竟然以这种手段对待我们的士兵。他越想越气愤，命令部队加速前进。

在路上，他又遇到一些刚刚从前线运回来的德国伤兵。这些伤兵忿忿不平地向曼施坦因报告说，他们遇到举手"投降"的苏军士兵，可等到德军士兵满心欢喜地前去受降时，这些苏军"投降"的士兵就会突然开枪。还有一些苏军的伤兵会倒在地上装死，等德军走过之后，从背后向他们开枪。

曼施坦因发觉，这场战争的残酷已经超出了他的想象，这不像在波兰或是法国，那里的抵抗显得那样软弱无力而且缺乏决心，而这些苏军士兵，他们仿佛不知死为何物，一心想的就是打击德军。曼施坦因从来没有怀疑过他将取得胜利，只是这一次，他发现胜利的代价将是空前巨大的。

在自己的指挥车上用过了简单的午餐，曼施坦因令左右摊开了随身携带的作战地图，用手指指着苏联境内的一条弯弯曲曲的蓝色曲线说：

"假如第56装甲军想力拔头筹，抢在其他军之前完整地占领维拉河渡口，则必须通过杜比沙河上的艾罗果拉渡口，这里距离德苏边境约80公里，在进攻的第一天就必须出其不意地占领这个地方。"曼施坦因告诉身边的参谋，这里对他来说，是再熟悉不过的，因为在第一次世界大战中，曼施坦因就在这里与沙俄军队交过战。

根据德国侦察机事先拍摄的照片来看，这里是一个深而且陡的峡谷，河水的流速虽然不大，但河两岸的高度差却很大。在第一次世界大战中，德军的工程师曾经花费了好几个月的时间，费劲地在此建造起一座木桥，现在这里已经建成了大型的公路桥。

"我担心，河对岸的陡坡坡度太大了，任何我们现有的装甲车辆都爬不上去。如果苏军事先发现了我们的意图，把这里的大桥炸掉，然后在河对岸的陡坡上建筑起防御工事，那么我们的坦克部队根本就无法前进。"曼施坦因忧心忡忡地说。参谋说道："问题是，艾罗果拉的渡口对于第56装甲军而言，确实是攻占芬克斯桥必不可少的跳板。"曼施坦因说："进攻一开始，苏军一旦搞清情况就有可能在桥上埋设炸药，留给我们的时间不多了。"

他找来了第8装甲师的布南登堡将军，命令他加快速度，务必在苏军缓过劲来之前拿下艾罗果拉渡口，最迟不超过6月22日（也就是攻击发起的第一天）日落之前。在这段时间内，军部将跟随第8装甲师在一起。

曼施坦因的要求虽然很难办到——甚至可以说过分，但是德军第8装甲师在布南登堡将军的指挥下，还是完成了这一任务。这个师在突破苏军的边界阵地和清除了防御纵深的零星抵抗之后，终于在6月22日的黄昏时分，用一支搜索兵力占领了艾罗果拉渡口。曼施坦因不敢稍息，又命令徒步行军的第290步兵师加快速度，紧跟在第8装甲师之后。第3摩托化步兵师在中午时分也开始渡过米美尔河，进入苏联国境。

曼施坦因黄昏时分到达了渡口，夕阳的余晖洒在奔流的河水上，他看着一辆辆坦克轰鸣着通过完好无损的大桥，不禁长长地舒了一口气。

要想达到奇袭的效果还应继续冒险，这符合曼施坦因的一贯作风。他坚信普鲁士弗里德里希大帝的训诫："进攻愈猛烈，伤亡愈小。"于是他命令第56装甲军所属各师不顾左翼的第18军团和右翼的第16军团，不要怕侧翼被攻击的危险，一鼓作气地冲到目的地——维拉河渡口。

曼施坦因的运气不错，他所选定的路线恰好是苏军防御比较薄弱的一段。当第56装甲军深入苏联境内170公里抵达维尔柯米尔兹的时候，曼施坦因左翼的第41装甲军在沙莱地区为苏军的坚固阵地所阻；右翼第16军还在为争夺柯弗罗镇而苦斗。而第56装甲军此时已经迈上了宽敞的公路。这里距离第一阶段的目标——维拉河渡口上的苏克斯大桥约有130公里的距离。

正当第56装甲军在曼施坦因指挥下兴冲冲地往前赶路的时候，以小心谨慎著称的第4装甲兵团司令克卢格上将开始担心他们，因为他们不仅超过两翼的德军太多，而且把国境线上的苏联军队也甩在了后面。第56装甲军不仅在前面可能遇到苏军预备队的反攻，而且在背后很容易被甩在后面的苏军切断其后勤补给线。克卢格电话告知曼施坦因，要注意与两翼部队的协同，避免孤军深入。

然而深谙装甲兵战法的曼施坦因决定不让幸运之神溜走，因此没有理会克卢格的忠告，命令部队继续快速前进。他采取了一个让强者更强的办法，这样可以淋漓尽致地发挥德军坦克部队的机动速度——自己亲自率领两个机械化师，由机动性最好的第8装甲师走最好走的公路，机动性稍次一点的第3摩托化步兵师走公路以南的小路，第290步兵师紧随其后，这个师虽然使出了最大的劲，但已经赶不上前两个机械化程度高的师。这样也好，这个拖后的步兵师保证了第56装甲军后方的安全。

6月26日，守卫在维拉河渡口大桥的苏军士兵，突然发现远处的公路上驶来一列不太长的车队，车上装满了士兵，从着装上看是苏军士兵，车辆上也涂着苏军的标志。哨兵拦住了车队询问，车上的人自称是从前线撤退回来的苏军伤兵，有几个人还亮出了缠满绷带的胳膊。于是哨兵挥手放行，谁知这些车在驶过大桥的时候，"伤兵"突然从车上跳了下来，用枪逼住苏军士兵，把惊得目瞪口呆的苏军守卫分队缴了械，然后脱下了身上的苏军服装，扯下了身上的绷带。苏军士兵这才发现，原来是一队化了装的德军士兵。

原来这正是曼施坦因所用的一计。为了达到出其不意的效果，使苏军来不及炸毁渡口桥梁，在河对岸组织起有效的防御，曼施坦因不顾国际公法，让他的士兵利用缴获的苏军车辆，装扮成苏军后撤的部队，瞒天过海，骗过苏联守卫大桥的部队，完整地攻占了维拉河的桥梁。装扮成苏军士兵的，正是德军第8装甲师的前卫部队。这件事不久就传到了元首那里，希特勒大为欣赏。其他部队也借鉴这种方法组建了一些伪装部队，成为了战争初期德军著名的"影子部队"。

从进攻开始到拿下维拉河渡口其中的一座大桥，第56装甲军在曼施坦因的率领下，一路上击毁了苏军约70辆坦克和许多火炮，这个数字相当于整个第56装甲军坦克数的一半。

这样，到了6月26日，沿公路疾进的第8装甲师最先抵达了芬克斯城外。上午8时，曼施坦因在该师的师部中接到了一个报告，得知该师的先遣部队使用"影子部队"成功，兵不血刃地夺获了苏军驻守的两座大桥中的一座。另一座也通过战斗夺到手，苏军完全料不到德军来得如此之快，守军派出工兵企图炸毁桥梁，但引爆炸药的士兵在距离导火索几米远的地方被德军消灭了。

维拉河在芬克斯城附近的公路大桥完好无损地落在了德军手中，铁路桥也只是受到了轻微的炸伤，略加修复便可使用。通过大桥涌入芬克斯城内和维拉河的另一侧的德军，正在与苏军展开激战。

6月27日，曼施坦因又接到了另一份捷报：第3摩托化步兵师攻克了维拉河上游的另一个渡口。至此，第56装甲军的任务圆满地完成了。从作战地图上的距离来算，芬克斯城附近的渡口距离第56装甲军攻击发起的阵地，差不多有320公里的距离，在路上不断遇到苏军阻击的情况下，用去了整整4天零5个小时的时间，这与事先对南哈特将军的许诺相差无几。

攻克芬克斯城后，曼施坦因率领军部驱车进城，看到城中一片火光，苏军在撤出该城时，实行了"焦土政策"，将大半个城放火焚毁了。曼施坦因认为，夺取芬克斯城后应该继续向纵深切入，打乱苏军组织部队反击的企图。照他看来，当德军突然在敌人深远后方出现时，一定会使苏军发生相当的混乱。他们很明显是想倾全力把我们赶过河去，并且到处搜罗兵力来参加攻击。所以我们挺进得越快，他们就越难有机会调集优势兵力有系统地对抗我们。如果我们径直向普斯科夫挺进——当然同时仍应确保维拉河渡口的安全——而同时装甲集团军又以另一个装甲军紧随在我们后面，通过芬克斯前进，于是最可能的就是，敌人还是会用手头一切可以使用的兵力向我们发动零星的反攻，至少就现阶段而言，他们无法打一次正式的会战。至于那些留在维拉河以南的敌军残余兵力，就可以留交后续的步兵部队加以扫荡。不用说，当一个单独的装甲军——甚至整个装甲集团军——冒险深入苏联腹地时，当然是越深入就越危险。反之，一支在敌后作战的坦克部队，其安全程度大致依赖于持续运动的能力。一旦它停止不动，马上就会从四面八方受到敌军预备队的攻击。然而第4装甲兵团司令克卢格上将却严禁曼施坦因径直高速前进，要求必须原地等待两翼的部队到位，避免孤军深入。曼施坦因只能命令部队原地驻扎，拓宽芬克斯周围桥头阵地并保持渡口畅通，等候第41装甲军和第16集团军左翼的前进。而这一等就是5天。就这样，迅速击溃苏军主力并夺取列宁格勒的最好机会，在曼施坦因的眼皮底下慢慢地溜走了。

No.2 以身相博

战争一开始，首先遭到德军猛烈突击的就是苏军边防小队和尚未完成工事构筑的筑垒地域少量守备部队。各边防小队和筑垒地域永备发射点立即变成了一个个四面受敌的小孤岛。他们被团团围住，进行着力量悬殊的战斗。然而，这些分队的指挥员在武器装备和人数都与对方悬殊甚大的情况下英勇地履行了自己的职责：他们没有一个人在占绝对优势之敌的猛攻下放弃自己的阵地。

由苏尔任科中校指挥的第98边防总队的战士们表现出了惊人的坚定性。该总队第9边防小队在古谢夫中尉率领下，曾几次转入反冲击，未从边界后退一步。约600名德军官兵在该边防小队阵地及与其相邻的筑垒地域各发射点阵地的接近地葬送了性命。

然而，其中一些被围困的边防勇士马上就要面临弹尽粮绝的危险。第5集团军先行赶到的部队试图向边防部队靠拢，但未成功。另一个边防小队的处境还要困难。敌人第一次突然的炮兵急袭射击使该边防小队遭受了不可弥补的损失：所有建筑物瞬间就被炸毁，许多边防战士牺牲在倒塌的房屋下。幸存的战士们在政治指导员博边科率领下迅速占领防御阵地，打击敌人。在南面弗拉基米尔－沃伦斯基地域，由贝奇科夫斯基少校指挥的第90边防总队边防战士在德军主要突击方向奋勇作战。该总队由洛帕京中尉指挥的第13边防小队的边防战士表现了最大的坚定性，他们坚守在该边防小队被毁房屋的地下室里，继续进行战斗。随后赶来营救的步兵第87师部队不知何时才能赶到。

按最乐观的估计，边防军最多能支持2天。但实际上，许多边防小队战斗的时间要长得多。洛帕京的边防小队竟奋战了11昼夜！英雄们打到了最后一息，全部牺牲在房屋的废墟下，却没有一个人放下武器。

由塔鲁京中校指挥的佩列梅什利边防总队边防战士奋勇作战，在涅恰耶夫中尉的边防小队地段，靠近佩列梅什利处有一座桑河大桥，德军为夺取这座桥派出了一支经过特种训

练的支队。该支队化装成苏军抵抗德军，突至桥上并夺取了它，但苏军的边防战士实施坚决反冲击，又夺回了这座大桥。德军又改变方针对苏军实施疯狂的火炮和迫击炮射击，企图在炮火掩护下强行徒涉桑河，从两翼迂回突击边防战士。在力量悬殊的战斗中，苏军的人数很快就变得越来越少了。最后只剩下涅恰耶夫中尉一个人，他在法西斯分子接近自己后拉响了最后一颗手榴弹。

一个被俘的参加过对斯柳萨列夫中尉第 9 边防小队的多次冲击的德军司务长说：

在此以前，我们驻在苏联边界附近，听到的只是苏联边防军人的歌声，我们没料到如此充满幻想、如此拉长声音和如此悦耳地歌唱的人们，会那么奋勇地保卫自己的国土。他们的火力太可怕了！我们在桥上留下了好多尸体，但还是没能马上攻下来。于是我们的营长便命令由左右两面徒涉桑河，以便合围此桥，把它整个夺过来。但是我们刚扑到河里，苏联边防军人便又在这里扫射我们。他们的疾风射击所造成的损失真是吓人。我们营在任何地方，无论在波兰还是在法国，都没有遭到过我们强渡桑河时所遭到的那种损失。营长看到他的企图可能破产，便命令 80 毫米迫击炮开火。我们在炮火掩护下才开始登上苏方河岸。我们的重炮已向苏境纵深转移火力，那里可以听到坦克隐约的隆隆声。我们虽然上了对岸，却仍然不能像我们长官希望的那样迅速推进。他们的边防军人在沿岸某些地方有发射点。他们躲在里面，一直打到最后一粒子弹。我们只好叫来工兵。他们如果能做到的话，就爬到工事前，用代那麦特炸药进行爆破。但爆炸的轰隆声一过，边防军人又进行抵抗，直至最后一个人。我们在任何地方、任何时候都没有见过这样坚定顽强的军人。我们已经绕过发射点，继续推进，但任何力量都无法使两三个边防军人离开他们的阵地。他们宁肯死也不愿后退。只有两种条件下才能俘获苏联边防军人：一是他已经死了；一是他受了伤，且伤势很重，失去了知觉……我们营当时有 900 人，仅被打死的就有 150 人，还有 100 多人受了伤。许多人被激流冲走，我们在慌乱中没能把他们拉上岸来……

苏联边界上的发射点及其数量很少但却百折不挠的守军，是德军重兵东进的第一个障碍。他们刚踏上苏联领土就发现，要实现希特勒统帅部精心制订的闪击战计划绝非是轻而易举的。这些热爱歌唱的苏联人像守卫母亲一样守卫着他们的祖国，这片广袤的土地远不像希特勒和他的元帅们最初想象得那么容易征服。

当各边防总队和筑垒地域守备部队在德军重兵合围中进行众寡悬殊的战斗时，驻在边界附近的苏军各师正竭力赶往预定地区，他们不顾进攻的敌人拥有好几倍的数量优势，不断对德军实施反击。

在第 5 集团军地带，步兵第 45、62、87 师各两个团（这些师的第 3 团因进行营地建设来不及赶到交战地点）和步兵第 124 师全部，于 6 月 22 日午后首先进入战斗。各部队接警报后紧急集合，只带少量弹药（辎重已装载，但滞留在常驻地仓库旁），直接从行军状态投入反击。德军用密集的火力阻挡他们，但却未能迫使他们后退。

那些驻在边境地区纵深的兵团进至各自地区之前，还要走相当远的距离。他们以苏联人特有的那种组织性和坚忍不拔的精神开赴边界。德军的航空兵不间断地对他们进行突击，在他们行军的路线上留下了斑斑血迹。

第 5 集团军地带由乌斯季卢格到克雷斯诺波尔 75 公里宽的地段，是德军实施主要突击的地段，实际上也是决定整个边境交战命运的所在。战争第一日苏军这里仅有步兵第 87、124 师，其余兵力距离还很远。而对这两个兵团实施猛攻的德军，却是得到航空兵强大支援的将近 8 个步兵师和 3 ~ 4 个坦克师。

总的兵力对比对苏方也很不利。在德军主要突击的方向，西南方面军的整个集团（3 个步兵师和 2 个机械化军——机械化第 15、22 军）没有严整的战役布势，且分散在很广的纵深，共有约 10 万人和 2,000 门火炮和迫击炮。在其正面，德军第 6 集团军和坦克第 1

集群共有近 30 万官兵和约 5,500 门火炮和迫击炮,并且早已预先展开并做好了准备。这就是说,德军在这里的总优势是:有生力量多两倍,炮兵多一倍多。另外,他们还掌握了制空权。

在德军主要突击方向,苏联机械化第 9、19 军配置在距边界 250 ~ 300 公里处。虽然苏军全部 4 个机械化军的坦克总数不比德军少,但基本上是陈旧的战斗教练坦克。当时技术上最先进的 KB 和 T - 34 型新坦克,在上述 4 个军中总共只有 163 辆。而德军则有 700 辆新式坦克。

战争就在这样悬殊的力量对比下展开。

苏联方面军空军司令员和他的司令部当时正在组织对航空兵部队的指挥。但这并不容易,德军早在战争开始的头几小时,就以突然的空中突击给苏军飞机造成了沉重打击,并且破坏了苏军空军司令部与各机场的通信联络。各航空兵师师长只能各负其责地行动。战场上空可以看到苏军一些飞机小编队,虽然数量很少,却勇猛地冲向德军战机,竭尽全力战斗。直到傍晚,普图欣将军才在极困难的条件下恢复了对各航空兵部队的指挥,并转入有组织的行动。就在当天,苏联飞行员击落了 46 架德军飞机。在战争的头几个小时,飞行英雄伊万诺夫中尉在乌克兰的边境城市罗夫诺上空对敌机实施了空中撞击。飞行员谢尔久茨基击落了 2 架德军飞机。轰炸航空兵第 86 团大队长英雄飞行员茹科夫大尉单独与德军 3 架歼击机战斗,击落了其中 1 架,但他自己也被击落了。他跳伞后吃力地回到自己的机场,人们刚给他包扎好伤口,他又飞去执行战斗任务了。盖博大尉率几架飞机组成的编队对德军 18 架轰炸机实施攻击,迫其溃逃。不久,他为掩护在战斗中被击伤的一架飞机,驾驶自己的 A - 16 飞机对两架"梅塞施米特"实施攻击,救出了自己的同志。

尽管苏联人在天空和地面为保卫自己的祖国而英勇作战,但由于双方力量悬殊,人的力量毕竟是有限的,无数苏军战士的生命只是延缓了希特勒飞机坦克进军苏联腹地的步伐。

No.3 铁兽之战

在南线战场上,德军面对的是苏联兵力最充实的西南方面军。要保证在战役初期就歼灭苏军主力,就必须高速穿插到苏军背后,阻止苏军主力收缩到第聂伯东岸组织防御。伦德施泰特元帅麾下的第 1 装甲集群在开战后就向基辅方向和第聂伯河的下游高速突击,通过迂回包围,阻止苏军退过第聂伯河。

开战后第一天，他们就开到杜布诺地区，向卢茨克、罗夫诺地域搜索前进。然而他们还不知道，这一地域恰恰部署着苏军的坦克集群主力。

40 余辆坦克的方阵在平原上推进，摩托化步兵紧随其后。坦克营出发一天来还没有碰到过有力的抵抗，只是帮助步兵消灭一些苏军的火力点和碉堡。一辆敌军坦克还没遇到，没有战斗损伤，只有 2 辆坦克因为机械故障退出序列。101 号指挥车内，营长正在向整个行进的方阵不断下达各种命令，他的心里已经全然没有了开战前的那种紧张。虽然没有找到失踪的施罗特，但是开战时苏军的状况表明他们并没有充足的准备。头一天的战斗除了顺利还是顺利，屈指一算，他的坦克营至少消灭了苏军 20 多个地堡和火力点，击毁的苏军火炮也有十几门。看来突袭行动是出奇制胜了。但是他也知道，越深入苏联纵深，坦克面临的危险就越大。苏军步兵的反坦克武器可能会让他们防不胜防，苏联的坦克对他来说还是神秘的敌手，而敌人埋设的反坦克地雷则最为可怕，可能你还见不到敌人的面就已经被炸上了天。营长为小心起见，调来了一些步兵输送车行进在坦克方阵的两翼，以免视野不佳的坦克受到苏军的伏击。但是半履带的装甲输送车越野能力远远不如他的 3 号坦克，所

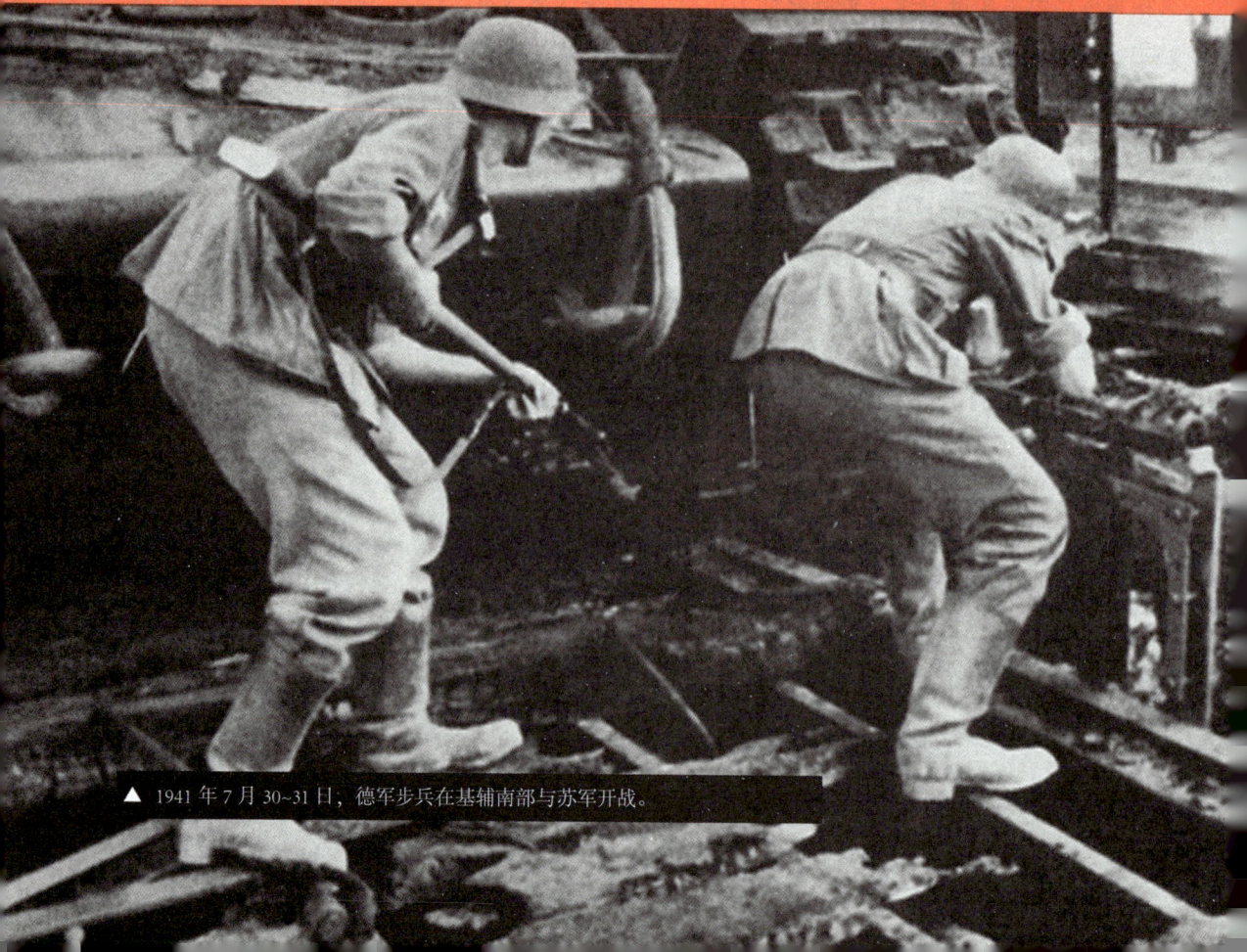

▲ 1941 年 7 月 30~31 日，德军步兵在基辅南部与苏军开战。

以经常落在后面，此刻它们就不知被甩到哪里去了。

营长正在思索，突然听到前卫车传来的呼叫："敌军坦克，2点方向，3,000米！"

终于来了！营长大声喊："数量！"

"数量不明！"

苏军的坦克埋伏在前方偏右的树林里，看到德军的坦克方阵接近，从阵地扑了出来。几发炮弹已经落在了前卫坦克的右侧。

"1中队转向迎敌，2中队向东突进，包抄敌人侧翼！"中队长的命令简单有力。

哈特所在的203号车属于2中队，中队长按照营长的命令，率队迅速转向，绕了一个弧线，袭击敌人的侧后方。这时1中队已经和敌人交火了。接近后营长发现，敌军的坦克只有五六辆，其中几辆是BT坦克，其余的是BA－10装甲车。

BT坦克是1931年苏联仿造美国T－3"克里斯蒂"轮履坦克制成的双炮塔快速坦克，它们的装甲薄弱，设计落后。BA－10装甲车是1936年苏联开发的6轮重装甲车，拥有45毫米火炮，车身侧面的附加轮胎有助于在起伏较大的地面平稳行驶。但装甲最厚仅10毫米，所以无法抗衡德军3号坦克的50毫米榴弹。

苏军坦克连发数炮都没能命中，1中队的3号坦克还击了，50毫米坦克炮快速射击，可能是炮手们第一次遇到苏军坦克有些紧张，第一轮齐射也没能命中苏军的坦克，只是在对手身边掀起了硝烟和厚厚的尘土。但是这些尘土却严重地阻碍了苏军坦克的视线，使他们根本就没发现还有几辆坦克在向他们的侧后包抄。

德军的3号坦克显出了火炮射速高的优势，抢在苏军前面进行了第二轮齐射。这次有了准星，立刻掀掉了一辆BT坦克的炮塔。另外一辆履带被打断，停下来成了固定的靶子。苏联坦克的炮弹也倾泻到了3号坦克头上，105号车中弹起火，107号则一不小心陷进了一个弹坑里出不来了。

就在这时，2中队的10辆坦克突然出现在了苏军坦克的侧后方。坦克的装甲一般是正面最厚，侧后方则是软肋，而且正在与1中队对射的苏联坦克没有办法转过头来。2中队的打击成为了毁灭性的。

"炮塔1点方向！目标敌装甲车，穿甲弹准备！距离800米！"耳机中传来车长沙哑的喊声，在初次遇敌的一瞬间，列兵哈特似乎嗅到了战争的气息。开火了，哈特完成了他的装弹任务，立刻将眼睛对准观察窗口。外面一阵浓烟，50毫米钨芯穿甲弹轻而易举地将笨重的BA－10装甲车掀翻，另外几辆也纷纷起火。第二轮齐射过后，所有的苏军坦克都不动了。

第一批俘虏从哈特的舱门旁缓缓走过。作为先锋的第2中队没有片刻的休息，其余各队指挥官简单地核对了路线和手表后，扔下损坏的坦克再度前进。

天渐渐黑了，部队停止了前进，准备筑营过夜。哈特完成了维修坦克的任务，就开始了另一个重要的任务——他是兼职的机电员，负责在休息时接收广播节目。车长、炮长和驾驶员都恭敬地坐在他身后，等待21时57分哈特准时将波段对准贝尔格莱德"德意志国防军电台"。这时，东线的德国士兵和北非、西欧以及大西洋的战友们一起倾听一首年轻士兵之歌：

"夜深人未静，军营正门前；灯火阑珊处，佳人今犹在。何日再相逢，莉莉·玛莲……"

只有在这忧郁的歌声中，士兵们才能暂时忘却外面那个疯狂的世界，但一觉醒来，一切恢复如初。

第二天，哈特所在的摩托化步兵师遭遇了苏军坦克集群主力，40辆3号坦克面对的是70余辆苏军各式坦克。但是苏军没有集中优势兵力包围2营的坦克群，而是采用凶猛的攻击波形式展开正面进攻。在几轮对射过后，火炮射速和防护力明显占优的3号坦克摧毁了对方10余辆坦克，打退了苏军第一轮冲击波，但是1中队也损失重大，至少4辆坦克失去了战斗力。德军坦克营长的指挥车101号被苏军辨认了出来，几辆坦克对准它猛轰，结果将101号掀翻了个，营长也阵亡了。2中队的中队长立刻接过了指挥权，下达命令说：损失较严重的1、2中队顶住苏军坦克的正面冲击，而3、4中队从两侧包抄侧翼，争取用优势兵力打击对方的死穴。这是一个田忌赛马的战术，但是担任敢死队的1、2中队将有全军覆没的危险。

1、2中队剩下的十几辆坦克雁翅排开，用火力阻击苏军的坦克冲击波。"警惕！"车长利索地关上了舱门。哈特将收发机转到接收挡，然后把整个脸贴在了机枪座旁的观察口上，这个小小的窗口就是坦克兵哈特的全部世界。正前方五花八门的苏联坦克鱼贯冲出，BT、T－26、T－34、"巨人"KV－2，还有倾斜装甲的中型坦克，苏军以数量上的绝对优势开始了强大的攻击！几轮齐射后，1、2中队的坦克已经冲入了苏军坦克方阵的中间，现在是一团混战，各自寻找各自的目标射击，临近的坦克只能勉强做一些掩护。2中队长盼望着包抄侧翼的3、4中队赶快出现。可是不幸的是，3中队误入了苏军的反坦克步兵阵地，遭到反坦克枪和手雷的一通攻击，3辆坦克失去了动力，而且整个中队被拖住了。4中队的意图被苏军所发现，遭到了苏军坦克的阻击。1、2中队只剩下10辆坦克了，而且完全陷入了苏军坦克的重围之中。

203坦克内部的空气几乎达到了燃点。车长单调的嘶叫、炮手迟缓的喘息、炮尾开闭的金属回音和炮舵发出的刺耳啸叫合奏着战斗的协奏曲，战斗变得越来越激烈！

很快 BT 和 T－26 已化为一堆堆废铁，但 KV 坦克和新型 T－34 坦克却反弹了所有攻击！"这里是老虎1（代号）！各战斗员停止射击，全小队侧面迂回！"车长硬着头皮想要冒一次险。

苏军新型坦克横冲直撞以极快的速度发炮，这是个经验丰富的老手，指挥车 201 号首先变成了一团火球，接着 202 号车的炮塔也被整个掀飞，但浓烟遮蔽了苏军的视线——机会！在 203 号车车长的指挥下，3 辆 3 号冲过苏军新型坦克的正面，绕到侧后方同时开火，终于打断了它的履带。哈特不知道，早在一星期前第 3 装甲军就已经历了同样的噩梦，这就是苏军新型的 T－34 坦克，苏军最新型的中型坦克，其火力、防护、机动性完全压倒 3 号坦克，只是装备的数量太少了，不足对德军坦克部队构成严重的威胁。情况仍然紧急，203 号车已经临时接过指挥权，但是剩下的几辆坦克已经完全和苏军坦克搅在一起，几乎是无从指挥了。渐渐地，车长发现苏军的火力变弱了，他还不知道，苏军坦克的弹药储备严重不足，经过一场血战，剩下的坦克有的已经没有弹药了，多的也不过十来发炮弹，被迫只能采用抵近射击的方法节省弹药。车长看到苏军火力有了漏洞，立刻命令剩下的 3 号坦克重点围歼仍能开火的苏军坦克。就在这时，3、4 中队终于包抄到位了，一阵猛烈的轰击从苏军背后袭来，立刻有几辆 BT－26 变成了火球。又经过一阵鏖战，2 营这边仍有火力的 3 号坦克也不足 10 辆了，而苏军多数的 BT－26 已经报销了，只剩下几辆庞然大物 KV－2 仍在横冲直撞。

"集中火力，先打前方第一辆！"203 车车长下达命令。立刻就有好几发炮弹落在了"行走茅房"巨大的壳子上，但它们实在难以撼动 KV 坦克那猛犸象般的身躯。轮到"行走茅房"开火了，又一辆 3 号坦克被 152 毫米的炮弹炸翻了个儿。车长想派出敢死队抵近后射击，可就在这时那辆 KV－2 却陷在潮湿的草地里动弹不得——它太重了！

"瞄准它的发动机打！"车长命令。于是又是一阵齐射，终于将 KV－2 解决掉了。很快，所有的苏军坦克都动不了了。这阵拼杀真让人透不过气来！车长命令驶进前面的树林修整一下。203 步履蹒跚地开了过去，撞倒一棵大树，几乎是一头栽进了树林。哈特转过头去和驾驶员说："伙计，以后我们是指挥车了吧。"但他却忘记了关上车际无线电通话器！没想到这里藏着一辆刚刚因为机械故障退出战斗的 T－34，潜伏猎手通过同一波段锁定了 203 号的位置。一发 76.2 毫米 BP－205R 穿甲弹准确地从驾驶员观察窗打了进来，哈特敏捷地撞开车侧逃生口。他刚爬到草地上打了一个滚，203 号车就在巨响中化为乌有。

1941 年 6 月 25 日，开展刚刚第 3 天，列兵哈特，203 号车的唯一幸存者，加入了摩托化步兵的行列。

第六章

惨败明斯克

　　政治斗争总是无情地将个人的命运卷入其中。然而由于历史的安排，一个庸夫的命运却和一次战役的胜败以及几十万士兵的生命紧紧地绑在了一起。一个人的错误葬送了西方面军，葬送了明斯克，甚至整个白俄罗斯。明斯克城外的比亚威斯托克突出部，德军在这里完成了苏德战争中第一次规模巨大的合围歼灭战，苏军遭受了开战以来最为惨重的打击。这个庸夫为他的过错付出了代价，然而另外一些同样犯了错误的人，却试图将历史的真相永远地掩盖起来。

No.1 就怕猪一样的队友

1941 年 1 月，白俄罗斯首府明斯克郊外，广袤无垠的原野上覆盖着皑皑白雪。突然远方响起了巨大的轰鸣声，一队队的坦克撕碎了雪原的宁静，苏军的坦克方阵排列整齐地驶过大地，留下一道道棕色的轮迹。坦克方阵后面是声势同样浩大的骑兵方阵，一列列高头大马上，端坐着身披长长的黑色斗篷的骑兵，斗篷迎风飘起，露出腰间挎着的战刀。马鼻子呼出白色的热气，雪花在马蹄下掀起白色的浪花。再后面是卡车运输的步兵方阵，战士们头戴皮帽子，身穿军大衣，但红红的脸上透着王牌部队特有的威风和骄傲。就在这时，一列车队从方阵的右侧通过，最前面是一辆装甲车，车上一位将军将身子从舱口中伸出来，向部队频频挥手。一阵阵"乌拉，乌拉"的喊声潮水一般涌来，震得小草上的积雪纷纷颤落。

将军的衣领上，五颗将星排成一个菱形。这就是苏联红军西部特别军区总司令巴甫洛夫大将。他正在检阅他麾下最精锐的部队——第 10 集团军。这支部队和西部特别军区挑选出来的另外几支部队，一起刚刚参加了总参谋部组织的大规模的军事演习。

巴甫洛夫看着自己雄壮的部队，心里升起一种莫名的激动。他是这支强大部队的总司令，是西部特别军区百万雄师的总司令。这些部队都是祖国的骄傲，而总有一天，他们将经历战斗的洗礼，也许到那时他们将和自己一起被伟大的苏维埃的历史记录下来。也许是雪地反射的阳光太强烈了，巴甫洛夫大将微微眯起了他的眼睛。

看到了坦克方阵，他突然想起刚刚结束的这次演习。这真是一次混乱的演习，他想，没听说过红方会输给蓝方的。总参谋部竟然将自己指挥的红方的部队配置方案通知了朱可夫扮演的蓝方。而朱可夫这个家伙，根本不等演习正式开始就将他的部队向前推进了将近 100 公里，而演习刚刚开始，他们就完全包围了我们的中线主力部队。这简直是犯规，不，是违反纪律，严重违反纪律。本来演习的目的是检验红军的国土防御和反攻作战能力，结果红军还没展开就被蓝军合围了，这算什么事情！朱可夫这个喜欢卖弄的家伙，把总参谋部花费巨大、辛辛苦苦组织的这次演习搞砸了。等着吧，到了开演习总结会的时候，非要在总参谋部告他一状。

但是想到自己庞大的部队能在演习中展现出严整的军威和过硬的军事素质，巴甫洛夫又得意起来。真正到了战场上，这些阴谋诡计是没用的，还要看谁能战斗。他坚信自己的部队有着最扎实的素质和最强大的战斗力。在外人看来，巴甫洛夫可以算是近几年来苏联红军中冉冉升起的一颗新星。巴甫洛夫是苏军最早的两个坦克团之一的团长，而朱可夫是另一个团长。他参加了西班牙内战，在那里戴上了苏联英雄金星勋章。回国后担任苏军汽车坦克装甲兵总监。与朱可夫一起晋升大将，一起担任重要军区司令员，朱可夫在基辅特别军区，巴甫洛夫在西部特别军区。他的每一步升迁都显得那么顺利而且顺理成章。但是这些荣誉却掩盖不了一个可怕的事实，这位巴甫洛夫将军完全不是朱可夫那样的身经百战的军事天才、指挥高手。那他何以能爬上西部特别军区总司令这样显赫的高位呢？这还是要归因于斯大林的"大清洗"造成的苏军高层指挥官的真空，为了弥补空缺，许多将领被破格提拔，其中当然不乏朱可夫这样的军事天才，但是也有巴甫洛夫这种挂着军事家面具的政客。他作为专家为苏军建设提出建议，错误地接受了西班牙内战的经验，认为坦克部队无力单独进行战斗，只能支援步兵（其实这只是 T－26 那样的轻型坦克防护力太差的结果，他却以此否定了所有坦克），导致苏联将早已组建的机械化军解散，到 1940 年，斯大林意识到德军装甲兵闪击战法的强大威力时才又重组机械化军，但那时已经晚了。

这次演习中，他无时无刻不在显示着自己在军事上的浅薄无知。他没有围绕明斯克部署部队，而是将红军主力配置在距离边境不远的比亚维斯托克突出部地带，同时没有留出足够的战略预备队。扮演蓝军统帅的朱可夫大将清楚地看到了这一严重问题，因此提前调动部队，悄悄靠近红军主力，演习一开始立刻两路急进合围了比亚维斯托克突出部的红军主力。而红军又没有足够的部队用于解围或是在纵深再次决战，结果明斯克的城门对蓝军大开。

朱可夫意识到这种错误部署的危机，这一次打败苏联红军的是自己的蓝军，下一次如果还继续这种错误，打败我们的可能就是德国人了。朱可夫憋了好多话准备在总参谋部的演习总结会上发言。可是到了开会的时候，没容朱可夫发言，巴甫洛夫就抢在前面来了个"恶人先告状"：

"这次演习之所以失败，主要原因是由于蓝军的多次违反规则，以及不配和红军的行动。他们事先知道了我们的部署，而且提前行动，他们的进攻方式和兵力使用都没有遵照演习总指挥部的安排。……我认为总参谋部花费很大力气筹备这次演习是用来检验红军战斗力的，不是用来为个别人展现军事才华的。"

这几句话激怒了朱可夫大将："您错了，德米特里·格利戈利耶维奇·巴甫洛夫将军同志，这次演习是用来检验西部特别军区备战状况的，而红方失利了就说明备战状况有问题。请问西部特别军区司令员同志，如果蓝方是德军，他们会通知您进攻的时间并严格遵守这一时间吗？德军会配合您的部队的行动吗？"

两个人互不相让，都狠狠地盯着对方。总参谋长梅列茨科夫只好站出来打圆场："发言之后就可以坐下了，两位司令员同志。"朱可夫和巴甫洛夫也觉得在总参谋部这样吵闹

▲ 朱可夫将军亲临前线视察。

有点不合适，连忙坐下了。

"你们说的情况都很重要。"总参谋长继续说，"首先，这次演习是成功的，它并没有失败。巴甫洛夫大将说得对，这毕竟只是一次演习，与实际作战还是有区别的，朱可夫同志。然而毕竟红军主力被蓝军合围了，红军没有完成演习预想的任务，责任是双方面的。巴甫洛夫同志，作为西方面军的司令员，您有权力也有责任根据实际情况来配置你的部队，按照这次演习来看，您确实应该作一下总结，在部队配置方面做一些调整。"

虽然巴甫洛夫是一个庸才，但是如果他能够虚心地向朱可夫请教一下，或是认真地听一听总参谋长梅列茨科夫的意见，改变西方面军配置的错误状况，他也不会在仅仅半年之后背上历史的罪人这个沉重的十字架。然而遗憾的是，无端自大的巴甫洛夫没有听从任何意见。半年过去了，他的主力部队仍坚持演习时的布防方案。而且西部特别军区的空军全集中在少数几个机场，成为敌人的好靶子。直到战争开始，巴甫洛夫没有采取任何有效的改进措施。

No.2 两个口袋，一场惨剧

比亚威斯托克突出部，是位于白俄罗斯首都明斯克以西，凸向波兰的弧形地域，南北宽约百里。巴甫洛夫将13集团军留下作为战略预备队，把他的另外3个集团军（第3、第4和第10集团军）三足鼎立地部署在突出部的北、西、南三个方向上，北边是库兹涅佐夫指挥的第2集团军，中间是戈卢别夫指挥的第10集团军，南边侧翼是科罗布科指挥的第4集团军。看上去这个部署可以互相支援，而且突出部前沿筑垒坚固、工事纵横、重兵防守，应该是易守难攻的。然而主力部队部署在这里，就距离边界太近了，几乎全部军队都在比亚威斯托克大突出部内，这种部署，既不是进攻性的，也不是防御性的，很容易被德军从两翼迅速合围。3个集团军并肩排列在德军张开的大口中，只要上下一合牙，巴甫洛夫的绝大部分部队将被吃掉。

而巴甫洛夫的对手——冯·博克元帅恰恰是一个在战场上嗅觉异常灵敏的指挥官。他看到这种有利态势，决定让德军中央集团军群兵分两路突向纵深：一路在北面从东普鲁士的苏伐乌基地区出发；另一路从布列斯特－立托夫斯克地区出发，沿着普里皮亚特沼泽地的北部边缘向前推进。这两路德军的任务是，像铁钳一样深入苏军深远的后方，并在苏联境内纵深250公里处，即白俄罗斯首府明斯克收拢钳口。向前推进的步兵师一部分跟随装甲集群到明斯克，以防被围之敌逃窜；一部分在比亚威斯托克突出部的北面和南面分两路向前挺进，进到距离较近的包围圈，目标是在比亚威斯托克－明斯克大道上离苏德边境100公里的地点。计划被围之敌将被装入两个口袋，一个套着另一个。德军准备在消灭两个口袋中的苏军之后继续向奥尔沙路桥挺进，直取斯摩棱斯克。

战争一开始，德军的坦克集群就按照既定的方向急速挺进。而苏联总参谋部的朱可夫大将，也立刻意识到西方面军的危险，他打电话到西方面军司令部，但是却没有能够找到巴甫洛夫司令。不久之后，朱可夫被调往西南方面军司令部，斯大林也一直没有找到巴甫洛夫，统帅部对于西方面军的情况几乎是一无所知。

原来，战斗一打响，这位没经过大仗的司令员就被过度的兴奋烧乱了他的神经。他认为此刻最需要的就是和他的部队在一起，于是他一头扎进了13集团军的司令部。可是这样一来，整个方面军就失去了指挥，等于放弃了全局的指挥权。

战争的第一天，博克的中央集团军就将苏军的3万人重重包围了起来。西方面军于次日对德军反突击，但由于所调用的反突击兵团分散在各地，准备时间仓促，又缺乏必要的通信器材，未能对德军形成集中突击。反突击部队损失严重，燃料、弹药消耗殆尽，被迫放弃格罗德诺，撤往新格鲁多克，从而在西北方面军和西方面军之间留出了一个大缺口。之后，西方面军再次对德军实施了仓促的反击，但由于缺乏必要的物资供应，反击集团无法进行有效的作战。反击不仅仍未获得成功，反而被德军第2装甲集群分割为几部分，被迫且战且退。一些坦克由于油料耗尽而没能撤回，落到了德军手里。到战争第4日为止，德军坦克兵团在西方面军两翼已深入苏联领土达200公里，配置在比亚威斯托克突出部的西方面军主力正在掉入敌人的口袋。

同时，这一铁臂合围还得到了德国最大的航空队的支持。由凯塞林指挥的拥有近千架飞机的第2航空队，负责将白俄罗斯地区的所有苏军飞机清理干净，并对口袋内外苏军的任何地面活动进行持续而猛烈的轰炸。这样的钳形合围，双层口袋和空中打击的联合攻击下，3个苏联精锐集团军将难逃厄运。

呆在13集团军司令部的巴甫洛夫大将完全被德军迅猛的阵势吓住了，他得不到前线足够的情报，不知道自己的集团军状况如何，更不知道德军在采取什么行动。从他下达的命令里，我们分明能感到，这个庸夫已经被命运的巨浪完全冲垮了心理防线，他的精神已经崩溃了。

6月23日晚，他给第10集团军下达了这样一条命令：

第10集团军司令员：

机械化军为何不进攻？谁的过错？立即行动起来，不要惊慌失措，而要指挥。应当有组织地打击敌人，而不是无指挥地乱跑。您应当知道每个师的位置，何时采取何种行动及其结果……

试想第10集团军的司令员收到这样一条语无伦次的命令该作何反应？

6月24日，德军的坦克集群正在分兵绕过比亚威斯托克突出部，此时如果下达命令，将3个集团军立刻撤出危险地带也许还来得及。但是巴甫洛夫大将却认为敌军的坦克集群孤军深入，补给线拉长，这正是还击的时机。也许是前3天西方面军遭受的失败太惨重了，巴甫洛夫相信自己将很难承担这次失败的罪责。懦弱的他又一次在危急时刻失去了清醒的理性。他想，只有大胆进攻，孤注一掷地挽回败局，才能弥补自己已经犯下的巨大过失。此时的司令员满脑子都是如何挽回自己的过错，唯独想不起来应该对部下西方面军的几十万将士的性命负责，想不起来为守卫白俄罗斯，守卫莫斯科的门户负责。巴甫洛夫头一次如此坚决地作出决定，然而这个决定却使西方面军走向覆灭。他命令把所有集团军和方面军的预备队前调，以图解除德军正面步兵师对比亚威斯托克突出部的威胁。然而这样一来就在明斯克地区留下了一块真空地带，使得德军穿插合围的任务更加容易完成。巴甫洛夫的这条命令等于将更多的部队送进了德军的口袋，同时把口袋的系绳交给了德军。

被斯大林派往西方面军任统帅部代表的沙波什尼科夫元帅发现了西方面军的危险局势，在6月25日向苏军统帅部报告了这一情况，请求从比亚威斯托克突出部撤向旧筑垒地域一线。据此，斯大林命令西方面军迅速将第3、第10集团军东撤到利达－斯洛尼姆－平斯克一线。

等到战争开始的第4天，巴甫洛夫大将接到了统帅部后撤的命令，他也终于从零星的情报中找到一点头绪。他混乱的头脑开始了第一次清醒的思维，他明白了，敌军的快速兵团两三天后就能从西北和西南两个方向逼近明斯克。在比亚威斯托克突出部作战的第3和第10集团军处境非常艰难。现在的问题不是如何反击敌军了，而是怎样才能避免迫在眉睫的全军覆没的危险。

巴甫洛夫越想越觉得害怕，一阵阵冷汗渗透了他的衣服。他看了看军事地图，明斯克的背后几乎是一马平川，德军可以长驱直入地直取斯摩棱斯克，甚至莫斯科。如果几十万军队在比亚威斯托克－明斯克地带被合围，莫斯科就会失去地理上和军事力量上的屏障。不行，必须将部队撤回来，保存这几个集团军的力量，固守明斯克。巴甫洛夫仔细研究了一下情报，他发现在敌人的包围圈明斯克方向上还留有一条50～60公里宽的走廊。这也许是个机会。巴甫洛夫下定了决心，他立刻签署命令：

第13、第10、第3及第4集团军司令员：

今天，即6月25—26日夜间，不晚于21点开始撤退，各部应做好准备，以坦克为前卫，骑兵及强大的反坦克防御部队为后卫。

这次行军应在强有力的后卫掩护下，昼夜兼程疾进。在辽阔的战线上甩掉敌人……应在一昼夜间一举跃出60公里以上……允许各部队充分征用当地工具并征集任何数量的马拉大车……

应该说这条命令还是清楚而果断的，除了仍带着一点巴甫洛夫特色的婆婆妈妈。可以说，一个平庸的头脑终于因为清醒而产生了一点智慧的火花。然而这一切已经太晚了。他此前的错误已经完全葬送了各个部队执行这个命令的能力。部队已经没有燃料和运输工具了，它们已在战斗的最初几天里被敌人夺走或是被摧毁。各兵团凌乱的撤退是在德军握有制空权，快速兵团迅速迂回运动的极其困难的条件下进行的。

刻薄的命运之神没有给巴甫洛夫一个挽救自己、挽救西方面军的机会。下达了这个坚决果断的命令后，巴甫洛夫就失去了对比亚威斯托克几个集团军的指挥。

6月26日，莫斯科克里姆林宫。总参谋部第一副总参谋长瓦杜丁正在给斯大林作每天例行的战场形势报告，几乎无一例外的是坏消息。斯大林默默地听着，一切几乎都是按照他设想的最坏的情况在发生，连续几天的惊慌不安几乎已经让他麻木了。

瓦杜丁字斟句酌，他低声报告西方面军和西北方面军试图进行反击，但空中掩护薄弱，动作不协调，炮火保障差，因而没有取得预期的效果，部队受到了巨大损失，继续撤退，而且往往是凌乱的后撤。

他又说处境特别艰难的是第3和第10集团军各部，他们实际上已经被包围。德军的坦克部队已经逼近明斯克。

斯大林听到这句话猛地惊醒过来："您说什么？逼近明斯克！您怕是搞错了吧？您这

是从哪来的消息？"

"不是，我没有搞错，斯大林同志，"瓦杜丁依旧声音不高，用歉意的口吻回答说，"总参谋部派到部队去的代表的报告和航空侦察的材料是一致的。今天可以说，一线部队没能在国境线上阻住敌人并保证后续部队的展开。西方面军的战线实际上已经被突破了！"

虽然早在几天前，斯大林已经意识到了边境上的战斗失败了，可是五六天时间内怎么会让德军深入苏联国土 150 ～ 200 公里？这简直不可理解！巴甫洛夫、库利克、沙波什尼科夫是干什么的？总参谋部为什么不去指挥部队？明斯克一丢白俄罗斯就完了，简直不敢想象。

斯大林打电话到西方面军司令部，然而却找不到一个管事的将领。他生气地摔下了电话。过了一会，他又拿了起来："给我接西南方面军司令部……找朱可夫大将。"

▲ 希特勒与博克一起交谈。

朱可夫来到电话前，他听到斯大林焦急而生气的声音：“西方面军形势严峻，敌人逼近了明斯克。我不明白巴甫洛夫怎么啦！……库利克元帅不知道在哪里，沙波什尼科夫元帅生病了，你能不能马上飞到莫斯科来？”

朱可夫迟疑了一下，说：“我马上去同基尔波诺斯和普尔卡耶夫安排一下下一步的行动，然后动身去机场。”

26日夜里，朱可夫乘飞机抵达莫斯科，没有去总参谋部，而是直接去见斯大林。在斯大林的办公室里，笔直地站着国防人民委员铁木辛哥元帅和第一副总参谋长瓦杜丁中将。他们两人显得苍白而消瘦，眼睛因为失眠而充满了血丝，再看斯大林，也和他们差不多。

斯大林请朱可夫坐下，然后问道：“请你一起考虑一下，并请你谈谈在目前的情况下能够做些什么。”说着，把一张西方面军的地图放在桌子上。

朱可夫说：“我们需要40分钟，把情况研究一下。”

“好吧，40分钟后再向我报告。”

朱可夫和铁木辛哥以及瓦杜丁来到隔壁的一个房间，开始讨论西方面军的情况和对策。

情况确实非常严重。第3集团军和第10集团军余部被阻隔在明斯克以西，进行着殊死的战斗，牵制住了敌人很大部分兵力，但他们的具体情况仍不清楚。第4集团军的一些部队已退入了普里皮亚特森林。一些在前几天战斗中遭到严重损失的散乱的兵团，正在向别列津纳河撤退，后面受到强大的德军的追击。

半个小时后，朱可夫对斯大林提出了他的对策：只有使用第13、19、20、21、22集团军，立即在西德维纳－波罗茨克－维捷布斯克－奥尔沙－莫吉廖夫－莫济里一线占领防御，这是唯一的办法了。另外应该使用统帅部预备队的第24和第28集团军，立即着手在后方地域沿谢利扎罗沃－斯摩棱斯克－罗斯拉夫利－戈梅利一线构筑防御。此外建议由莫斯科民兵师再组建2～3个集团军。

这些建议都从一个总目标出发，即在通往莫斯科的道路上建立纵深梯次防御，以疲惫敌人，将其阻止在某一防御地区，然后集中兵力组织反攻。但把敌人阻止在哪里，哪里是适合反攻的出发地带，要用多少部队进行反攻，这些当时还无法知道，只是一种设想。

斯大林听完后立刻提出：“那西方面军的几个集团军怎么办？”

朱可夫说：“已经失去了联系。只有靠他们自己了，希望他们还有力量组织顽强的突击以退出危险地带。”

斯大林只能同意这些建议，并发布了相应的命令。

28日，博克的铁钳攻势已经打到明斯克城下，苏军兵力不足的部队进行了一番激烈抵抗后，只能放弃城池。白俄罗斯的首都失陷了，这是开战以来苏联丢掉的第一座重要的城市。29 日，德军完成了对苏军的 50 余万人在比亚威斯托克－明斯克地带的战略包围，并以每天 40 ~ 50 公里的速度大踏步地向苏联国土的纵深挺进。

放弃明斯克的消息传到了统帅部，斯大林的心情跌落到了几天以来的最低谷。他明白等待明斯克人民的将是多么悲惨的命运，他更担心明斯克一失，斯摩棱斯克－莫斯科方向都会失去屏障。此刻，他还不知道西方面军的几十万大军已经落到了冯·博克的巨口之中了。29 日，斯大林两次亲自来到国防人民委员部，对铁木辛哥和朱可夫表示，他对西方面军的战略形势强烈不满。他说："几个最精锐的集团军，却不能阻挡德军占领明斯克，真不明白巴甫洛夫他们是怎么指挥的！"朱可夫轻声却很有力地回答："很明显巴甫洛夫已经失去了对集团军的指挥。我们的集团军的命运，恐怕也不比明斯克强。"

晚上，回到克里姆林宫，斯大林看了看表，德国无线电广播的前线新闻就要开始了。开战后斯大林养成一个习惯，每天都要听一听德国电台播报新闻，实际上很多前线的最新情况，他都得不到方面军的报告，而是从德国电台里听来的。

"冯·博克元帅的快速兵团已经夺取白俄罗斯首都明斯克，被占城市状况良好，市民的生活正常而平静……在明斯克以西地域，我军合围了俄国第 3、第 4、第 10 等集团军共 50 余万部队，并将在空军部队的配合下很快完成歼灭……"

什么！斯大林几乎跳了起来，3 个集团军被合围了？这是真的还是假的？难道这些部队都没有撤出比亚威斯托克突出部？这怎么可能？但是斯大林转念一想，德军的广播确实是对现在局势的最好解释：如果西方面军的主力集团军没有被合围，为什么会那么轻易地放弃明斯克？既然冯·博克的快速兵团已经攻占了明斯克，那比亚威斯托克的部队就已经在敌人腹地了，如果他们没有被合围，还有战斗力，为什么不在背后打击德军的快速兵团？看来真的是被合围了。这个巴甫洛夫，为什么不执行 25 日下达的 3 个集团军后撤的命令？

斯大林越想越生气，他立刻给铁木辛哥打电话：

"我听到德军的广播，说我们的 3 个方面军在明斯克以西被合围了，说有 50 万人！"

铁木辛哥并没有感到意外，因为这正符合他和朱可夫已经作出的分析。他说："有可能是这样，根据我们的零星消息，至少第 3、第 10 集团军还有很多部队没能撤出比亚威斯托克地带。正在撤退部队的情况可能也很糟，一些部队遭到德军装甲集群的阻击。"

斯大林大声说："那您就立刻联系巴甫洛夫，问问他情况到底怎么样，为什么不执行 25 日就已经下达的集团军后撤的命令！就这些。"

铁木辛哥放下电话，看了看身边的朱可夫，说："他生气了，要我们立刻联系巴甫洛夫，看来要追究责任。"

朱可夫叹了口气："他还感到意外呢，其实这是必然的。失去机动力的部队不被合围还能怎么办？"

铁木辛哥说："必须加紧执行 26 日确定的在斯摩棱斯克 - 莫斯科建立梯次防御的方案，德军推进得太快了，在这个方向上，我们的兵力出现了大缺口，我担心斯摩棱斯克。"元帅沉默了几秒钟，但立刻想起来眼下要办的事情，"您来联系巴甫洛夫吧，问问他在干什么。"

寻找这位"神龙见首不见尾"的司令员，可颇让朱可夫费了一番力气。电话电报都用上了，方面军司令部、13 集团军司令部一个接一个地找。此时的朱可夫突然想起半年前的那次演习，冯·博克使用的策略和自己当时击溃巴甫洛夫部队的战法如出一辙！半年来，巴甫洛夫没有对错误的部队设防作出一点改变。朱可夫暗暗责怪自己，那之后没多久他就担任了总参谋长，为什么没有督促巴甫洛夫改进部队配置呢？

到了 30 日中午，朱可夫终于找到了巴甫洛夫，他通过"博多"式电报机同巴甫洛夫进行了交谈：

朱可夫：我们不了解明斯克、博勃鲁伊斯克和斯卢次克发生的情况，因此作不出任何有关西线的决定。请你报告一下实质性问题。

巴甫洛夫：明斯克地区，步兵第 44 军在莫吉廖夫公路以南后撤，指定的防线是斯达霍夫 - 且尔温；斯卢茨克地区，根据空中侦察，步兵第 210 师昨天在希舍策地区进行战斗；博勃鲁伊斯克地区，今天 4 时敌人架了一座桥，通过了 12 辆坦克。

朱可夫：德国人广播说，他们在比亚威斯托克以东包围了我军几个集团军。看来这则广播有一定的真实性。为什么你的司令部不派联络员去寻找部队？库利克、波尔金和库兹涅佐夫在哪里？骑兵军在哪里？飞机不可能看不见骑兵。

巴甫洛夫：是的，真实性很大。我们知道，6 月 25 日和 26 日，部队在夏拉河进行战斗，同占领夏拉河东岸的敌军争夺渡口。第 3 集团军力图沿夏拉河两岸撤退。步兵第 21 军在利登地区。我们同这个军保持有无线电联系，但从昨天起联系中断。这个军正在向指定的方向突围。飞机无法找到骑兵和机械化部队，因为他们为了不被敌机发现，都隐蔽在森林里。我们派出了一个小组，并携有电台，任务是寻找库利克和我军部队。这个小组暂时还没有音信。波尔金和库兹涅佐夫，还有戈卢别夫，6 月 26 日以前都在部队里。

朱可夫：你的基本任务是，尽快找到部队并将其撤退到别烈津河以东。这件事你必须亲自抓，并应挑选能干的指挥员完成此项任务。最高统帅部要求你在最短时间内把方面军所有部队集中起来加以整顿恢复。无论如何不得允许敌军在博勃鲁伊斯克地区和博里索夫地区突破。无论如何不得让敌军破坏我军在奥尔沙—莫吉廖夫—日洛宾—罗加切夫地区完成集结。为了便于指挥战斗，为了使你知道博勃鲁伊斯克发生的情况，应该派你的副司令员率领一个指挥小组，带上电台到那里去。仓库要马上后撤，以免落入敌人之手。等情况一弄清楚，立即向我们报告所有的问题。

巴甫洛夫：我将使用所有的部队，甚至使用军校学员去扼守博勃鲁伊斯克地区和博里索夫地区。

结束了谈话，朱可夫更加忧心忡忡了。他看出来巴甫洛夫对西方面军的情况了解若明若暗，而且指挥相当不利。面临严峻的局势，司令员不能再犯任何错误了。

朱可夫马上给克里姆林宫打电话，向斯大林汇报了西方面军的情况，并表达了他对前线指挥的忧虑。斯大林已经忍不住怒火了，他对朱可夫说："立刻致电西方面军，取消巴甫洛夫的指挥权，让他立刻回来接受审查！"

No.3 庸才还是替罪羊？

6月30日，克里姆林宫。斯大林放下朱可夫的电话，西方面军的情况令他恼火，但更令他费解。他不明白为什么装备最精良、兵力最强大的西方面军，竟然在开战一周多的时间后仍没能给敌人任何有力的打击，为什么3个集团军呆在比亚威斯托克突出部毫无作为地等待敌人包围圈的形成，更不明白这个他一直看重的巴甫洛夫为什么毫无能力指挥他的部队，甚至在危急时刻拒不执行统帅部的命令。他想起一年前，那时的巴甫洛夫留给他的印象很不错。他在报告时条理清晰，显得老成持重，很有信心。高层中对他的评价也不错呀。正是因为这样，他才会任命巴甫洛夫为西部特别军区司令员。难道说他缺乏经验？他参加过第一次世界大战、国内战争、中东铁路之战，还在支援西班牙内战时得到了英雄勋章，还参加了苏芬战争，应该说是久经战阵了，不会听到炮声就惊慌失措的。唯一的不足就是他升得太快了。斯大林想到这里不禁感叹，"大清洗"之后确实是军中无将，任命巴甫洛夫等一批将领也只能说是无奈之举。

可是就算是一个连长，处在司令员的位置上，也不太可能在一周之内将一个强大的方面军输得一干二净呀。斯大林想来想去，找不到一个为失败辩护的理由，难道巴甫洛夫私通德军？这个想法竟然出现在他的脑子里。但他还是抑制住了自己的激动，他知道这肯定是不可能的。

斯大林呆呆地站在巨大的落地窗前，看着莫斯科的傍晚，天色渐渐暗了下来。他想起一年前图哈切夫斯基给自己写的一封信，其中一段话，他还记得很清楚："未来的战争将是发动机的战争。装甲坦克部队的集中可以形成强大的突击拳头，要抗御他们是很不容易的。"而当时，巴甫洛夫还在对自己鼓吹：未来战争中单独的坦克部队将很难有大的作为，坦克只能成为步兵师的辅助性武器。他设想，如果让图哈切夫斯基担任西方面军司令员，也许现在就将是另一番景象了吧。

他又想起 22 日，他火烧火燎地把朱可夫派到西南方面军那里去指挥，而将沙波什尼科夫和库利克派到西方面军去。如果当时调个个儿，让朱可夫去西方面军，那么也许情况不会如此糟糕。想这些都已没用了，斯大林回到办公桌旁，他下定决心，要扭转当前的不利局面，最直接有效的方法就是撤换军事长官，加强对部队的指挥，改变目前的混乱局面。刚才自己在电话里下达的召回巴甫洛夫的命令是正确的。但是这还不够。斯大林拿起电话：

"要总参谋部……朱可夫吗？我重申刚才撤销巴甫洛夫指挥权的命令，同时撤回西方面军参谋长克里莫夫斯基赫少将、方面军通讯主任格里戈里耶夫少将、炮兵主任克里奇少将，还有第 4 集团军司令员科罗布科夫少将。这些人回来全部交由军事法庭审理。由铁木辛哥元帅接替西方面军司令员职务。立刻执行吧。"

此时的斯大林，并没有想起，在过去的半年中，巴甫洛夫组织了多次大规模的军事演习，他在演习中密切地关注了德军的动向，并一再向斯大林提出将军区部队调往边境地区展开布防的建议，但斯大林害怕这样做会招来德国人的进攻而没有同意。巴甫洛夫多次请求在国境线沿线巩固野战工事，并进入工事，斯大林也没有同意。他没有想到西方面军面临的敌人是数倍于自己的德军，而西方面军自己还在进行军区整编，很多装甲部队没有组建完毕，物资装备很不齐全，坦克缺少弹药也缺少燃料。他也没有想到，开战的头几天，他不断地无视具体情况而向西方面军发出了很多无法执行的命令，很大程度上造成了部队指挥的混乱。斯大林唯一想到的就是——巴甫洛夫指挥的部队在连连打败仗。

两天后，巴甫洛夫回到了莫斯科，直接到国防人民委员部向铁木辛哥元帅报到。当铁木辛哥和朱可夫看到这位败军之将时，他们俩费了好大劲儿才认出这位老熟人。8 天的战争完全改变了这位庸才将军的外貌，他明显地瘦了，两个布满血丝的眼珠拼命地向外突着，头上多了不少白发，走起路来几乎没有一点精神。

巴甫洛夫看到朱可夫和铁木辛哥看他的眼神，仿佛猜到了什么，眼中露出惊恐的神情。

他坐在椅子上，正对着接替他的铁木辛格元帅。等了半天，朱可夫和铁木辛哥却都没有说话，他瞟了一眼铁木辛哥，很勉强地笑了笑："听说您被任命为方面军司令员了。也许我还有必要向您报告一下……"

铁木辛哥叹了一口气，冷冷地说："不用了，一切最令人难以相信的事情都已经发生了。"

巴甫洛夫收起了仅有的一点笑容，低垂着眼皮，试探着问道："统帅责骂我了吧！"

铁木辛哥心头一紧，他知道斯大林对巴甫洛夫的惩罚将不可能是责骂那么简单，他依稀能猜到等待着面前这位灰头土脸的将军的命运将是什么。他强作微笑着说："不光你，我们大家都挨骂了。责骂算不上什么，假如能挽回损失的话……"

"元帅同志，我想，处在我的位置，即使苏沃洛夫来也无济于事。"巴甫洛夫听到铁木辛哥的安慰，好像心里宽松了一点。

"我明白，我们的人员缺乏训练，装备不足，工事不理想，等等。可是方面军的部队、飞机几乎损失了绝大多数，领土丧失了这么多，作为西方面军的司令员，您就觉得自己一点责任都没有吗？"

铁木辛哥的话绵里藏针，巴甫洛夫有点受不了了："可是您知道，仅在布列斯特方向，我们只有 7 个师，而敌人多少？整整 15 个师！其中还有 5 个坦克师！让我如何守得住？！况且我们从一开始就注定处在被动挨打的位置上……"

"你的算术题还是留着以后去做吧！"铁木辛哥厉声说，"这是小学生的作业，而您作为一个司令员来做这些东西，不觉得有点丢人吗？"

巴甫洛夫吓得低下了头。铁木辛哥想到这位败军之将将面临的事情，觉得自己这样发火有点不合适，于是也不再说什么。

朱可夫看着这位老同事，他了解巴甫洛夫，因此替他感到可怜。其实，他唯一的错误就是坐在了他根本就不适合的位置上。而此后的一系列反应，都是一个意志薄弱、被巨大压力击垮的人所产生的合乎情理的错乱。而他能坐上军区司令的位置，这个错误仅仅在他自己吗？朱可夫想安慰安慰这位老同事，他说：

"德米特里·格利戈利耶维奇，您既然已经退下来了，就不要再想那些战术问题了。您还是用这几天时间休息一下吧。"

巴甫洛夫感激地看了看朱可夫，平静了下来。

接着朱可夫几乎是一字一顿地说："但是，在这之前，您还必须见一个人。"

朱可夫和铁木辛哥心事重重、脚步沉重地走出了会议室。接着，从门口进来了 3 个人，前面是一位胖胖的中将，后面跟着两个年轻高大的军人。巴甫洛夫从来没见过这位中将，不知他是什么部门的，但还是有种不祥的预感。

中将敬过了礼，通报了姓名，然后从公文包中拿出一张厚纸，看了一眼巴甫洛夫，但马上又将目光移开，下意识地扶了扶眼镜，犹豫了一下，慢慢地把纸递给了巴甫洛夫，轻声说道："德米特里·格利戈利耶维奇·巴甫洛夫将军，还是请您自己看一下这个文件吧……"巴甫洛夫疑惑不解地盯着这个陌生的将军，接过那张纸。眼光刚一触及到纸面，立刻全身一颤，不由得吸了一口冷气，瞪大了眼睛，微张着嘴巴，半天说不出话来。那张纸上赫然印着一行粗黑大字："逮捕令"！

巴甫洛夫被带到莫斯科近郊的一所监狱，还是先前那位胖胖的中将对他进行审问。

中将先以试探性的口气问道："我有个问题，至今不明白，西方面军怎么会出现这种奇怪的情况，面临就要爆发的战争却没有一点临战准备？军区的全部飞机毫无遮掩地集中在几个机场，而这些机场甚至直到战争开始还对德国人开放……德米特里·格利戈利耶维奇，您对此作何解释呢？"

巴甫洛夫轻轻地说："您知道，不允许向入侵的德国飞机开火的命令是统帅本人下达并多次重申的。不能开火，我怎么阻止德国飞机在我们的机场降落呢？"

中将继续问："您为什么把3个集团军部署得距离边境那样近？这种部署的恶果，甚至在半年前您和朱可夫大将的演习中也可以看得十分清楚了。"中将看起来有些生气，他的胸脯剧烈地起伏着，拿烟的手抖得很厉害。

巴甫洛夫吸了一口烟，让自己平静下来，然后慢慢地说："所有的演习、训练都是按照军区的计划安排的。这个计划我无权取消，它是总参谋部批准的。"

"任何一个在6月份呆在边境的军人都闻到了浓烈的火药味和血腥味，怎么您闻不到，不采取相应的措施呢？起码应该想到让各种兵器都尽快进入各自的阵地吧……"

"在鼻子和情报之间，我更相信后者。"巴甫洛夫急急地打断了中将的话，不过他吸了一口烟，语气又慢了下来，"我没有得到任何情报，说战争真的要爆发。"

"您本身就有责任去搜集这种情报，并向政府报告！"中将不满地说，"您亲自到过边境，却没有发现德国军队集结，说这是纯属造谣和挑拨。这怎么解释？"

巴甫洛夫终于忍耐不住了，他站了起来，大步地在屋里走着："您去看看总参谋部的命令吧，开战前的那些，有哪条示意战争要开始了？全是说要不受挑拨，要避免刺激德军什么的。我相信了总参谋部的命令，可这却错了！您难道让我在那时违背命令调动部队吗？"

中将一时也不知怎么说，停顿了一下，说："在总参谋6月21日夜里下达命令后呢？那时您也没有积极回应呀。您连守备部队撤离营房这样最起码的命令都不肯下达！"

巴甫洛夫额头上冒出了汗珠，他说："可是命令也说不要受德军的挑拨。我认为这仍然是一个普通的命令。那时如果我下达命令，而希特勒并未进攻，我就得掉脑袋。"

中将"啪"的一声拍在桌子上，声音提高了几倍，对巴甫洛夫的称呼也变了："你担心自己的脑袋，可你知道有多少红军战士和指挥员的脑袋却因此而没了！"

巴甫洛夫终于无话可说，只能低下了头。

一个星期以后，焦躁不安的巴甫洛夫等来了斯大林对他作出的"判决"——死刑。

巴甫洛夫并没有害怕，因为他已经在心里无数遍为自己的错误作了深深的忏悔。可他继续看他的判决，突然震惊地发现，判处他的罪名是叛国罪！巴甫洛夫几乎疯了，他大声叫着："我没有叛国，我是忠于苏维埃的！"他对中将提出，要求见斯大林。但是太晚了，他再也没有机会为自己这个"莫须有"的叛国罪辩护了。在斯大林看来，反正巴甫洛夫都是一死，判处叛国罪更容易让人民将前线失利的愤怒转嫁给这个败军之将，也更容易激起其他苏军指战员的斗志。巴甫洛夫被处决了，西方面军的参谋长和另外几位高级领导也都被冠以叛国罪或渎职罪而处决。同时，斯大林下令逮捕交军事法庭审判并追究责任的还有：

第6步兵军军长阿列克谢耶夫少将，

第56集团军参谋长阿鲁沙尼扬少将，

国防人民委员部伊万诺夫中将，

伏龙芝军事学院战术教研室主任库兹明少将，

第18集团军参谋长列昂诺维奇少将，

总参谋部军事学院系主任梅列克夫少将，

第4坦克师师长波塔图尔切夫少将，

第27集团军参谋长罗曼诺夫少将，

第30步兵军军长谢利瓦诺夫中将，

列宁格勒方面军副参谋长谢马什科少将，

红军军事交通局局长特鲁别茨科伊中将，

第15步兵师师长齐鲁尼科夫少将等。

这些人究竟是真的有罪，还是仅仅为一个更巨大的历史过错充当替罪羊呢？也许历史会给每一个对得起自己良心的人一个公道，但是更大的可能是，很多历史的真相已经被永久地埋葬了。巴甫洛夫大将的死，给当时的红军将领们以极大刺激。必须以生命的代价为战士们的生命负责！从积极的角度讲，这是一支强心针，也是一支清醒剂。如果得知自己的死能有这样的效果，巴甫洛夫大将地下有知，也可以宽慰些了吧。

第七章

激战斯摩棱斯克

　　作为闪击战理论的创始人，古德里安对于装甲兵有着最为深入透彻的了解。在战争的初期，他将坦克部队的威力演绎到了极致。闪电般地横扫俄罗斯平原，飞夺历史名城斯摩棱斯克，他的快速挺进不仅令对手胆寒，甚至连德军司令部也感到惊讶。然而败退中的苏军，却在暗中积蓄着力量。与德军死战的决心一旦下定，铁木辛哥与朱可夫两位大将轮番指挥苏军冲击德军防线，在叶尔尼亚展开了一场旷日持久的争夺战。开战以来最为惨烈的场面出现在这里。由于战略重点的调整和苏军的强力反击，德军装甲闪击的战车在这里第一次抛锚了。

No.1 装甲急先锋古德里安

1941 年 7 月 16 日，在第聂伯河岸边，从阿尔夏通向斯摩棱斯克的公路上，几辆德军的吉普车正在行进。第 3 辆车中坐着一位赫赫有名的人物，他不但令"二战"中的对手们头疼不已，而且作为军事学上的一代宗师至今仍被人们研究。他就是当时德国第 2 装甲兵团的司令官，后来担任德军陆军参谋长，历史上被称为德国装甲兵之父、闪击战理论创立者的德国陆军一级上将——海因茨·威廉·古德里安。

1888 年 6 月 17 日上午，星期天的阳光和煦地照耀在普鲁士的绿色原野上。在维斯杜拉河畔的库尔姆市的一家医院里，年轻的步兵连长菲德列·古德里安中尉喜得贵子，他为自己的爱子取了一个响亮的名字——海因茨·威廉·古德里安，希望这个啼哭不停的男婴将来能与祖父一样成为一名将军。

自幼在军营中长大的小古德里安受到祖、父两代普鲁士军人传统作风的熏陶，用功学习且好胜不已。1901 年 4 月 1 日，父亲在小古德里安 13 岁时就把他送入了设在巴登的卡尔斯鲁厄陆军军官预备学校。两年后，小古德里安不负父望，以优异成绩进入位于柏林近郊的大里西特场中央陆军军官学校，正式开始了军校学员的生活。经过两年的严格军校生涯，古德里安于 1907 年 2 月毕业，获得准尉军衔，被分派到洛林州的第 10 轻骑兵营任职，开始其漫长的职业军官生涯。一年半后，古德里安晋升为陆军中尉，转赴汉诺威的部队任职，并在那里娶了一位医生的女儿马格丽特小姐。

1914 年 8 月，第一次世界大战爆发，古德里安中尉告别妻子，奔赴西线战场参战。在这次大战中，古德里安是无名角色，职位频繁转换，但在大战结束前却有幸在德国陆军参谋本部任职 3 个月，在此他大开眼界。1921 年 1 月，古德里安幸运地被选调到德国国防部运输兵总监部担任参谋。他开始研究装甲车辆问题，并将注意力集中于在第一次世界大战中初露头角的坦克——这一集机动性、攻击力和防护力于一身的新式武器。1931 年 10 月，已在年初晋升为陆军中校的古德里安升任机械化兵总监部参谋长。这使他有可能从纸上谈兵转而开始为德国装甲兵部队的组织编制和武器装备进行初始的设计工作。他确信装甲兵将发展成为一个在战术上具有决定性价值的兵种；其组织应以装甲师为基本单位，进而组建成装甲军。为使德国陆军的众多将领们接受自己的新观念，古德里安做了大量的艰辛工作。1935 年夏末，古德里安出任新组建的装甲兵司令部参谋长。同年 10 月 15 日，德军组建 3 个装甲师，古德里安上校被任命为第 2 装甲师的师长，由此开始了日后非同凡响的装甲兵指挥官生涯。1936 年 8 月 1 日，古德里安晋升为陆军少将；1 年后，他出版了《注意！装甲兵部队！》一书，大胆阐述了对建设德国装甲部队的基本意见。此时，古德里安少将已成为德国陆军中一颗急速升起的明星。

1939 年，古德里安作为第 19 装甲军军长参加了波兰战役，在这次闪击作战中，德军装甲兵部队与空军部队联合作战的理论第一次受到了实战的检验，装甲兵部队大显其能。51 岁的陆军二级上将古德里安被希特勒亲自授予"骑士铁十字勋章"，并于宴会中被安排坐在元首右边的座位。希特勒对于装甲兵部队的作用和古德里安为此所作出的贡献，给予了充分的肯定。此后古德里安在法国战场上又一次生动地展示了其装甲兵闪击战法和个人的军事天才。希特勒也深为古德里安的成就所叹服，在制订"巴巴罗萨"计划时，心中就将古德里安设想为一枚非常重要的棋子。

为了达成对苏联的闪击效果，德军组建了 4 个装甲兵团；古德里安担任第 2 装甲兵团司令官，他和霍斯上将的第 3 装甲兵团一同归中央集团军群节制。第 2 装甲兵团的兵力配备情况是：第 24 装甲军下辖有第 3、第 4 装甲师，第 10 摩托化步兵师，第 1 骑兵师；第 46 装甲军下辖有第 10 装甲师，党卫军祖国步兵师，大德意志步兵团；第 47 装甲军下辖有第 17、第 18 装甲师，第 29 摩托化步兵师。古德里安的第 2 装甲兵团和霍斯的第 3 装甲兵团的任务是，像铁钳的左右两臂一样伸向敌军纵深的后方，并在苏联境内纵深 400 公里处，即白俄罗斯首府明斯克实施合围行动。希特勒赋予古德里安的是最为艰巨的任务：在进攻的首日从布列斯特－立托夫斯克的两边渡过布格河；在突破苏军防御阵地后尽快扩大战果，直扑罗斯拉弗尔－艾尔雅－斯摩棱斯克地区。目的是要阻止苏军重新收集残部，再构成一条新的防线，从而为整个对苏作战奠定一个具有决定性意义的基础。

6 月 14 日，在柏林最高军事会议上，希特勒问古德里安："你要多少时间才能到达明斯克？"古德里安起身答道："大约需要五六天时间。"

6 月 22 日，德军开始进攻后，古德里安指挥自己的装甲兵部队渡过布格河，突破苏军前线的防线，如入无人之境地沿着通往明斯克的公路奔驰。27 日，古德里安的部队抵达明斯克，实现了他向希特勒所作出的承诺。7 月 8 日，德军中央集团军群司令冯·博克元帅宣布："对明斯克的两路夹击已告成功。"其具体战果为：击毙苏军数万人，俘获近 29 万人；俘获和击毁坦克 2,500 多辆、火炮 1,500 多门、飞机 250 多架、机动车辆数千辆。估计共消灭苏军 22 个步兵师和相当于 7 个坦克师、6 个机械化旅的兵力。古德里安和霍斯的两个装甲兵团的大纵深快速突破，为中央集团军群的成功合围立下了首功；因此，古德里安获得了一个"飞毛腿海因茨"的绰号。

古德里安的下一个目标是斯摩棱斯克，这是一把打开莫斯科大门的钥匙，这里是"曾经成为拿破仑军队通往莫斯科道路上的可怕的障碍的俄罗斯古城"。7 月 10 日，第 2 装甲兵团

▲ 古德里安（左一）在洛林和家人在一起。

的先头部队到达第聂伯河一线；14 日，攻占了斯摩棱斯克城东的第聂伯河大桥；到了 15 日，古德里安接到报告，他麾下的第 29 摩托化步兵师已经攻到距离斯摩棱斯克只有 18 公里的地点了。古德里安感到斯摩棱斯克应该很快就能到手了，他决定立刻离开已经距离前线非常近的司令部，到第一线的部队去，他希望能在部队攻占斯摩棱斯克之后，立刻就进入这座历史名城。

车队驶在弹坑累累的公路上，已经将司令部护卫队的装甲车远远甩下了。道路两侧不时可以见到掉队的德军装甲车或是伤兵，还有一队队的苏军战俘。古德里安回忆着开战以来的半个多月，他的装甲部队飞速地夺取了明斯克，又风风火火地杀到斯摩棱斯克城下，几乎是横扫半个俄罗斯，这速度和他初见"巴巴罗萨"计划时设想的几乎一样，而遇到的困难甚至还要小得多。虽然在进攻中，他亲临第一线，遇到了不少险情，仅 24 日一天里就有 3 次险些丧命。然而部队的进展势如破竹，取下斯摩棱斯克，下一个目标就是莫斯科了，如果能保持这种态势，直捣苏联的大本营，这一次的战争就真的会像元首所说的"震惊全世界"。然而今后还会这样顺利吗？

突然，吉普车猛地停下了，坐在前座的古德里安一欠身差点撞到挡风玻璃。前卫车向他报告，发现了苏联的飞机。古德里安飞速地扫了一下周围环境，说："驶进右侧前方那片树林！"

古德里安的座车刚刚进入树林，炸弹就落在了公路上，最后几辆车来不及躲避，人员只好弃车跑了过来。紧接着飞机对着茂密的树林胡乱扫射了一番，也就飞走了。这种事情古德里安已经遇到很多次了，他看到有两辆车被打坏了，就觉得干脆先在树林里休息一下，顺便清点人数处理伤员。古德里安走下车，找了一段被炸倒的白桦树干坐了下来，摊开军用地图，标上几个师已经到达的位置。过了一会，参谋跑来报告，人员没有伤亡。

古德里安正准备命令继续前进，突然看到另一辆吉普车驶进了树林，车上跑下一位年轻的参谋，一下车就大声问："是不是司令部？古德里安将军在不在？"

古德里安迎上去，军官一看连忙立正："嘿，希特勒！"

"你是哪个部队的？"

"第29摩托化步兵师通讯参谋列夫希茨中尉向您报告！"

"你们师的通讯参谋不是戈尔尼格上尉吗？"

"戈尔尼格上尉已经不幸牺牲了，将军。我是他的副官。师部遭到俄国人的偷袭，牺牲了很多参谋人员，师部的电台全都丢了。"

"你们师现在在哪？"

▲ 1941年，古德里安率领的编号为"G"的装甲师正在苏联境内的一条公路上行进。

听到这句话，军官立刻挺起了胸脯，大声地说："我们已经攻克了斯摩棱斯克城，师长命令我来向您报告，请求迅速支援我们，防止敌人反扑。"

古德里安非常高兴，连他自己都没想到 29 师能如此神速地完成任务。他从通讯官列夫希茨的报告中得知，为了攻城，全师不顾一切地投入了战斗，从师长波尔吞斯登将军到每一个战士，都表现得非常英勇。

在这一天中，古德里安陆续收到报告，他麾下的第 1 骑兵师到达斯塔伊拜恰夫的东南方；第 4 装甲师在齐里可夫与莫来提艺之间；第 3 装甲师，位置在乔塞与莫来提艺之间；第 10 摩托化步兵师在莫吉内夫的南面，对莫吉内夫的苏军形成了合围；第 10 装甲师突破到了波罗茨克，党卫军帝国师在它的后面；"大德意志"步兵团在莫吉内夫北面；第 18 装甲师到达了克拉斯尼地区；第 17 装甲师在来地－都布罗夫罗地区。几支前卫部队以几乎齐头并进的姿态插向斯摩棱斯克的侧后，而步兵已经渡过了第聂伯河。

但是很快苏军就开始组织反击，差不多有 20 个师的兵力猛烈地插向古德里安第 2 装甲兵团的右翼，同时被围困在莫吉内夫阿尔夏的部队也开始突围。苏军希望能将德军的步兵驱赶回第聂伯河右岸，从而孤立占领斯摩棱斯克的摩托化步兵师和前卫的装甲师。

苏军以强大的兵力展开迅猛的反攻，德军的装甲部队随时有被切断补给线的可能。但是古德里安却采用了最冒险的应对方法，即坚定决心，以最快的速度向前挺进，击垮斯摩棱斯克附近的守军，穿插包围苏军。因为古德里安与曼施坦因一样，深深地信奉着弗里德里希大帝的名言"进攻愈猛烈，伤亡愈小"。

而古德里安本人也像他的部队一样，几乎是不顾一切地向前赶。7 月 18 日一天，他都和 44 装甲军在一起。这种几乎孤注一掷地进攻，当然也付出了代价，古德里安本人多次遇险不说，几个前卫师都遭受了损失，第 17 装甲师的师长韦布将军在战斗中阵亡了。但是战局的发展却如他所料一样进展顺利，由于部队行动太快，很多俄军组织的反扑都落空了，而俄军的背后则不断遭到德国坦克集群的突击。

这时，希特勒的表彰命令到达了前线，古德里安被授予了铁十字勋章上的橡树叶，这是一份特殊的荣誉，古德里安在陆军授勋的名单中，排在第 5 位，古德里安感到非常荣幸，他麾下的部队也为之振奋。

7月21日，当斯摩棱斯克仍然没有脱离苏军炮火威胁的时候，古德里安就将他的司令部迁到了斯摩棱斯克以西的巧克罗夫。当天他就不顾参谋们的反对，进入城内视察了一番。

古德里安早就听说过斯摩棱斯克的东正教大教堂是有名的历史建筑，因此特意前来参观。远远就看到了洋葱头似的教堂圆顶。也许是因为圣母的庇护吧，饱受战火洗礼的城中，这座教堂竟然完好无损。古德里安进入教堂的大门，不免吃了一惊。原来教堂里面有一大部分地方已经被改成了一个"无神论的博物馆"。陈设和布置都很粗糙，完全没法和教堂的雕塑和圣像画相比。教堂右边的副堂还保留着原貌，为举行宗教仪式之用。苏联人准备抢在德军到达之前把那些银质的祭台饰物和烛台都埋藏到地下去，但是由于德军来得太快了，地上的坑已经挖了，东西却还没有来得及掩埋。

古德里安命令他的参谋去找一位信教的兄弟姊妹来保管这些物品。不一会儿，走进来一位白胡子飘飘的老神父。古德里安走上前，通过翻译对他说："这个教堂内的所有物品，都交给你保管。要继续作弥撒。任何德军士兵都不允许拿走任何物品，也不许住在教堂里。"然后他叫参谋起草了一份"禁止毁坏、盗窃教堂财物"的命令，签上自己的名字，交给老神父。

最后，他看着有些吃惊也有点激动的老神父，一字一句地说："上帝保佑您，神父，任何战火是不会进入您的教堂的。

No.2 嚣张的俘虏

7月12日夜，苏联第19集团军指挥所，集团军司令科涅夫亲自出马，审讯他们抓到的第一批俘虏。"哪个师的？"他对一个高个子、黄头发的德军机枪手说。机枪手没有立即回答，而是撇开两条长腿站在那里，轻蔑地合上他那长着棕色睫毛的眼睛。

"把问题给他重复一遍。"科涅夫压下心头的怒火，对翻译命令道。

"坦克17师的。"机枪手终于开了腔。

"你们师的部队驻扎在哪里？"

"不知道。"

"撒谎！"科涅夫一声低沉的怒吼。

翻译成德语后，机枪手从鼻子里发出"哼"的一声。

"没撒谎。我可以告诉你们我们昨天驻扎在哪儿，至于今天嘛……"翻译踌躇了一下，显然在努力找寻不会太刺激司令的字眼，"你们退得……这样快……"

"他是想说我们'逃得'这样快吧。"科涅夫不耐烦地挥了挥手，说，"算了吧。"

▲ 苏军炮兵正在将 76 毫米大炮转移到新的火力阵地上去。

　　然而，机枪手并不想见好就收，他挑衅地看着科涅夫，一字一句地说："我还可以告诉你，我们师明天驻扎在哪儿——斯摩棱斯克！"

　　科涅夫终于丧失了所有的耐心，愤怒地喊道："把他带下去！"

　　科涅夫努力地平息着被这个德军俘虏激起的愤怒，他心里很清楚，俘虏敢如此嚣张，全是因为德军的咄咄逼人和己方的节节败退。"这又有什么办法呢？主动权完全握在敌人的手里。他们为所欲为，根本不给我们调来兵力和组织防御的机会。"他痛苦地想。

　　这是不错的。战争一开始，德军就控制了制空权。他们的航空兵在 400 ～ 500 公里的纵深内压制苏方军队；他们的飞机狂轰滥炸，不仅使苏方军队受到重创，还严重破坏了苏军集结和运送战略物资所必需的公路和铁路。兵力无法集中，车辆、武器严重不足，苏军除了苦战和败退似乎已经没有其他的选择了。希特勒统帅部制定的以坦克和飞机决定战争胜负的"闪电战"理论发挥了它预想的初步的威力。然而，战局也有希特勒完全没有料到的部分，那就是他们会遭遇苏联人如此顽强的抵抗。

　　当斯摩棱斯克接近地上正进行艰苦卓绝的防御战的时候，铁木辛哥元帅前往第 19 集团军视察工作，在通往斯摩棱斯克的公路上遇到敌人 3 架 U－87 俯冲轰炸机的袭击。炸弹呈扇面形落下，没有炸到他们，轰炸机转身飞走了。铁木辛哥元帅从地上爬起来，掸掸土，挥着拳头对着逃去的飞机说："喏，喏，咱们走着瞧吧！"这时他看到了露出地面的高射炮炮身，就走到高射炮前，说："高射炮！为什么不开炮？"

　　一位身材不高但很结实的中士，完全按照军人的标准动作跨上几步，对元帅报告说，他是代连长，在昨天打德军坦克的时候，连长阵亡，火力排排长负重伤。

"那么为什么不开炮呢？"元帅很惊异地问。"开不了炮了，元帅同志，没有炮弹。真想打这些恶棍，可是没有炮弹。所以，我让大家进隐蔽所，为什么要让大家白白受伤亡呢？""对嘛，言之有理。"元帅赞同地说，"我们的人本来牺牲就很大了。"他又朝着德军飞机飞走的方向挥挥拳头，说："你吓不倒我们的！""是啊，元帅同志，"中士接下去说，"炮弹没有人，是死家伙；人没有炮弹，可仍旧是活的。"

而此时，在斯摩棱斯克前面的宽阔地带内，苏联的第19、第16、第22集团军正在与德军展开激战。苏军统帅部采取一切措施，力求阻止德军的前进，但两个方向的形势都十分不利。由于没有航空兵的支援，坦克和炮兵的数量也不足，第19集团军的处境非常糟糕，集团军的各部一边抵抗德军坦克的冲击，一边缓缓后退。步兵第25军竭力向苏拉日、维帖布斯克推进，军长已通过电台请求增援。而步兵第34军与集团司令部失去了联系，他们的命运如何，无人知晓。其他兵团的处境也很不妙。

当第19集团军的各兵力力图向维帖布斯克进攻而大伤元气的时候，德军已经开始向斯摩棱斯克发起进攻。司令官科涅夫报告说："……我已经没有一个整齐满员、具有战斗力的兵团了，只靠一些分队守住防线。4天当中，我们没有得到任何航空兵的支援，面对敌地面部队的进攻，我们只能坚守。"

情况对苏军来说的确十分危急。例如，苏军机械化军的每个师只拥有2～4辆坦克，而德军在个别方向上却集中了200～400辆坦克。而且，在每一块阵地上几乎都有战斗。斯摩棱斯克的形势更加不妙，德军正准备实施主要突击。他们在斯摩棱斯克方向集中了主力，7月16日其坦克兵团占领了该市的西南部，第2坦克集群的主力则沿波奇诺克、叶尔尼亚、克拉斯内方向实施突击。由霍特率领的另一个坦克集群也从北面迂回到了斯摩棱斯克。苏军步兵第127师由扎巴耶夫大尉指挥的营承担了防守德军坦克主要突击的任务。"誓死守住阵地！"大尉对全营官兵说，"宁可光荣牺牲，也决不后退一步。"由牟则列夫率领的炮兵连被分编在各步兵连的战斗队形里，他们在战斗中负责直瞄射击。德军的坦克和装甲车接连被他们击燃，烟柱四起，火光冲天。

然而，炮手班里几乎一个人都没有了，最后一名炮手中弹倒下去了，装甲板上画着纳粹标志的坦克却仍然一辆接一辆地向前爬行。连长牟则列夫一声怒吼冲上去顶了炮手的位置，他冲着德军的坦克吼道："你敢来！这里不让你通过！"在接连直接命中、消灭了德军3辆战斗车后，这位英勇的战士倒在了自己心爱的土地上。

炮兵连全部壮烈牺牲了，失去了炮手协同作战的步兵却毫不气馁。在1944年获得"苏联英雄"称号的红军战士德罗比亚兹科和另一名步兵战士迎着德军的坦克匍匐过去，用他们手中仅剩的武器——燃烧瓶，点燃了德军3辆坦克。德军万万没有料到他们的坦克部队会遭遇到如此顽强的抵抗，而对方的兵力不过是一个营。他们不断派出飞机和坦克，不断投入新的兵力。但是，英勇的扎巴耶夫营誓死用鲜血和生命守卫他们的祖国，他们发誓德军每前进一步都要付出血的代价。炮弹和飞机扔下的炸弹像暴风雨一样向所剩不多的官兵袭去，在他们周围形成一个火力圈。然而，在这种情况下，扎巴耶夫大尉还在坚持指挥。"我们要坚持到天黑，天不黑，一步也不能后退！"他对大家说。

下面是该营几名突出重围的士兵回忆的当时扎巴耶夫大尉和士兵的对话。这个武器装备和人数都与德军相差甚远的营，却长时间地阻住了德军优势兵力的猛烈进攻，从这段对话中，我们或许可以发现创造这个战争奇迹的真正原因。

"我们剩的人不多了。一步不退，守下来也算不容易……用鲜血来换取这些是值得的……'一步不退'是祖国的命令。这话既然我也说过，就要坚决执行。不过，我要对在战斗中牺牲的那些人的生命负责。"

"大尉同志，"一位年纪稍长的战士打断了营长的话，"我比您大几岁，请允许我来说几句。我们的同志送了性命，这不是您的过错。因为我们没有后退，没有让出祖国的一寸土地。拿您来说吧，大尉同志，不是俄罗斯人，您却冒着枪林弹雨去保卫这块土地。这是为什么呢？照我看，这就是因为这块土地是我们共同的土地，是苏维埃的土地。"

"谢谢。"大尉激动地说，同时站起身来，向前移动了几步，接着说，"我指挥你们的权力是上级赋予的。指挥员的命令就是法律，你们大家一直在忠实地执行命令。我对你们没有任何意见。我只能表扬你们的忠于职守……另外一点我想说的是，看来以后还会有更大的恶仗要打，我要做到：一定要深思熟虑，决不滥用我的权力。"

第19集团军战斗地段的情况日趋复杂和艰苦，他们的两个团在第聂伯河东北岸，为扼守斯摩棱斯克的工业区而进行艰苦卓绝的战斗。霍特的坦克集群在斯摩棱斯克以北向亚尔策沃推进，苏军一些分散的部队只能勉强招架。在斯摩棱斯克的东南，第19集团军的右翼，苏军还被迫与古德里安的主力交战。由于苏军的防御是支撑点式的，德军比较容易向防线纵深渗透。在长长的防线上已经有许多处被德军突破。斯摩棱斯克的每一寸土地上都洒下了苏联战士的鲜血。苏军这些已然丧失主动权的防御，虽然根本无法阻挡希特勒优势部队的铁蹄，但是还是起到了延缓德军进攻步伐的作用。这一点，对于整个战争的发展局势来说，已经是至关重要的了。而此时，铁木辛哥元帅则向各部发出了集结最强大的力量向斯摩棱斯克发起反击的命令。一场新的激战即将拉开帷幕。

No.3 第一次抛锚

1941 年 7 月底，斯摩棱斯克城周围的战斗开始进入拉锯阶段。古德里安指挥的第 2 装甲集群部队，在这里同苏军展开了自开战以来最激烈的战斗。苏军为了捍卫莫斯科面前的最后一个要塞，不惜投入大量兵团反复冲击德军的前卫部队。古德里安的装甲集团无法摆脱苏军的追击和阻截，而且经过一个多月连续作战后，中央集团各部德军也已是损兵折将，精疲力竭，失去了继续进攻的能力，于是被迫暂停进攻，转入防御。在各个地段，苏军都试图以强大的兵力冲击德军装甲兵团与步兵团的结合部，试图切断两者之间的联系。而古德里安则努力尽快构筑一些防御工事，将步兵调到前沿防御，从而使几个已经因高速奔袭作战而疲惫不堪的装甲师和摩托化步兵师能够退回二线。这些部队一旦得到宝贵的修整机会，战斗力很快就能恢复。当它们锋芒再现时，将一举突破苏军防线，直抵莫斯科。这样的阵地攻防战一直进行了一个月左右，双方都付出了较大代价，但是苏军没能突破德军构筑的防线。8 月底，朱可夫指挥下的预备队方面军瞅准德军势衰之机，突然发起大规模反攻，其首要目标就是位于中央集团军群战线最前沿、如毒针一般刺入苏军战线内的叶尔尼亚突出部。战斗激烈展开。驻守叶尔尼亚的德军装甲 10 师、摩步 17 师遭到猛烈攻击，伤亡惨重，防线告急。

8 月 28 日，第 2 装甲兵团下属的大名鼎鼎的德国党卫军"帝国"师的师长保罗·豪塞尔突然收到古德里安的命令，要求这个师立刻提前结束修整，并以最快的速度赶到斯摩棱斯克附近的叶尔尼亚突出部地带接替摩步 17 师防守。不愧是素质过硬的党卫军王牌部队，收到命令后仅仅 12 个小时，"帝国"师就做好了一切作战准备，师长命令连夜赶往前线。古德里安手中最锋利的宝剑又出鞘了。国防军统帅部也对"帝国"师寄以厚望，特派飞机在阵地前沿撒下传单，勉励"帝国"师官兵发扬光荣传统，以百战百胜的英勇精神打败苏军。传单最后写道："元首正等待着你们的胜利消息！"

"帝国"师部队是德国党卫军中的一个摩托化步兵师，它首次参加对外征服战争，是 1939 年的波兰作战。当时尚未建师，各团均以自己的名义参战。德国团加入北方集团军群，在第 3 集团军编成内行动，进攻姆拉瓦和莫德林；日耳曼人团加入南方集团军群，配合第 14 集团军作战，向伦敦挺进，皆有出色表现。战后，10 月 10 日，党卫军总部下令将德国团、日耳曼人团和元首团 3 个团组建成第一个党卫军摩托化步兵师，这就是"帝国"师。保罗·豪塞尔担任首任师长。1940 年 6 月至 1941 年 4 月，"帝国"师参加西线作战和巴尔干作战，转战千里，从荷兰、比利时打到法国、保加利亚和南斯拉夫，在入侵南斯拉夫的作战中，德国团迅猛地突破南军防线，攻入首都贝尔格莱德，成为首批入城的部队之一。1941 年 6 月，"帝国"师踏上了征服苏联的漫漫征程。"帝国"师编入第 46 装甲军，隶属古德里安的第 2 装甲集群。"帝国"师随装甲 46 军一直插到东面的叶尔尼亚地区，切断了罗斯拉弗尔苏军与东面西方面军主力的联系，苏军 4 个师的部队一下子被装进了包围圈。7 月 10 日至 8 月 5 日，德军在斯摩棱斯克一共俘虏苏军 31 万人，缴获或摧毁坦克 3,205 辆，火炮 3,120 门。

连续一个月的屡战屡胜，使"帝国"师的官兵们正处在士气的顶峰，而经过短暂修整的"帝国"师，部队士兵得到了补充，损坏的装备也基本补充齐全，师长保罗·豪塞尔更加有信心击败所有的苏军冲击。到达了指定的防御阵地，豪塞尔不禁有点吃惊，十几天不见，这个地方已经发生了巨大的变化，阵地附近已经没有什么仍然立着的树了，而几个小山头看上去好像被炮火削低了 1 米左右。1 个月前他们构筑的工事，多数地堡已经被掀翻，很多壕沟也被削平了。阵地上到处是毁坏的装备和零散的弹药箱。豪塞尔随手抓了一把土，里面竟然有四五片弹片。摩步 17 师已经全部撤出了阵地，只留下一个参谋与豪塞尔换防。参谋灰头土脸地看着面前这位王牌师长，他说道："俄国人简直疯了，他们把全苏联的炮弹都扔到了这里。我们伤亡太大了，而且几乎全部重武器都被毁坏了，几个主要指挥官几乎都受伤了。苏军出动了不少坦克，您要特别留神。祝您好运！"

豪塞尔看了一眼这位参谋，立刻叫他撤离阵地，他可不想让这个惊慌失措的人影响到他的军心。他立刻传达命令，由步兵团接手阵地，迅速加强工事，而坦克团不参与阵地防守。他组织了一个加强营的坦克，配置在当前阵地的左侧的山坳里，准备伏击敌军侧翼，其他的坦克配置在阵地纵深，作为炮兵使用，同时等待时机发起反冲锋。

天色渐渐亮起来，但是很多阵地的工事还没有得到足够的加强。侦察兵前来报告，苏军坦克团正在向阵地方向移动。"帝国"师的元首团团长立刻请命率坦克出击。但是豪塞尔想了一下，要他继续埋伏等待命令，而让步兵利用工事进行艰苦的反坦克作战。

很快脚下的大地开始微微颤动，远处已能看见尘埃漫天，苏军坦克方阵的轰鸣声已传入耳际。步兵团的战士们已经调集了反坦克力量，准备阻住苏军的坦克方阵。"帝国"师步兵的主要反坦克武器是 37 毫米 PAK35 反坦克炮，该炮可以发射炮弹和超口径榴弹，但是射速较低射程也不远，很难对苏军的 KV 重型坦克构成威胁。还有少量的 88 毫米 FLAK18 高射炮，用防空高炮进行平射反坦克实属无奈，但是高炮初速高，口径大，炮弹穿甲能力更强，88 毫米 FLAK18 是 1941 年六七月间唯一可以在 1,000 米距离击穿 KV－1 坦克的德军火炮。苏军的坦克群逐渐接近，先头车辆已经开炮轰击德军山坡上的防御工事。炮弹爆炸掀起的泥土将不少德军士兵埋在了壕沟里。"该死的炮兵，为什么不开炮？

让我们在这等着被轧死吗？"

炮兵连长普雷迪奇将他的十几门 37 毫米 PAK35 炮掩藏在了阵地的一侧。他知道，千万不能着急开火，自己的炮射程太近，如果现在发射根本打不到苏军坦克的装甲，只会暴露己方的阵地位置，招来苏军坦克的炮弹。必须忍耐，再忍耐。测距兵在不断地报着新标尺：1,000 米，800 米，600 米。普雷迪奇突然大喊一声："穿甲弹，集火射击！"随着一阵阵后坐，十几门炮都将炮弹倾泻了出去。两辆苏军的 T－26 被打中了，立刻停了下来，

▲ 被德国人称为"黑色死亡"的苏拉-2 型对地轰炸机正在攻击德军目标。

其中一辆很快燃起了大火。但是一旦发射也就等于暴露了阵地位置。苏军坦克立刻调整了队形，派出几辆巨大的 KV－1 扑向连长的战地，重型坦克猛犸象般的身材掩护住了其他的坦克。第二轮齐射打了出去，但是这次只见到一辆 KV－1 轻轻跳了一下，其他的都毫无感觉。37 毫米的穿甲弹打在 KV－1 厚重的前装甲上，就像给对方挠了挠痒痒。

"使用超口径榴弹！"普雷迪奇大声命令，但是还没等他们装弹，KV－1 的火炮就"发言"了。立刻有两门 37 毫米炮被掀翻，连炮手都被吞噬，破碎的肢体被气浪卷到了半空中。一个年轻的炮手目睹了这恐怖的一幕，立刻被吓呆了，蹲在那抱着超口径榴弹一动不动。普雷迪奇大吼一声跳了过去，抢过炮弹装在炮管上："喂，不想被炸碎就给我狠狠地开炮。"

超口径榴弹打了出去，只有一辆 KV－1 被打断履带停了下来，其他的仍在步步进逼。又是几发炮弹落在阵地上，牺牲的人比上次还多。眼看着庞然大物 KV－1 逐渐靠近，好

几门火炮的炮手放弃了射击，扔掉火炮，抱着脑袋跑下了阵地。普雷迪奇气坏了："这帮胆小的家伙！"他揪住一个炮手："你来装填，我来瞄准！"

连长亲自操纵着这唯一一门还在开火的 37 毫米炮。几发炮弹打出去，又有一辆坦克瘫在路上。但是苏军的坦克越来越近了。50 米，30 米，20 米。KV－1 已经不再开炮了，准备用几十吨的钢铁身躯碾碎这门炮和两个不要命的德国兵。炮手被打死了，普雷迪奇仍然不撤退，只有 10 米了，开火！最后一发超口径榴弹终于在近距离撕碎了一辆 KV－1

▲ 1941 年 8 月，朱可夫统帅的预备队方面军在叶尔尼亚给德军以重大打击。

的前装甲，坦克一声巨响冒出火光。但是另一辆已经碾了过来，普雷迪奇敏捷地向旁边一跃，跳入壕沟内。回头一看，火炮已被碾成了废铁。

失去了 37 毫米 PAK35 炮阵地，阵地上的步兵没有了掩护，苏军的坦克肆无忌惮地轰击着壕沟和堡垒内的火力点。正在这时，几门 88 毫米 FLAK18 高射炮被推上了阵地。终于等来了有力的武器，立刻反击！射程远，射速高的 88 毫米炮立刻发挥出威力，很快击毁了几辆 T－26，然后开始对 KV－1 动手。眼看着苏联的坦克群在距离阵地只有几十米的地方失去了最后的冲击力，剩下的坦克撤了回去。首次交战打退了苏军坦克最强有力的冲锋，师长豪塞尔略感轻松了一些。他准备动用他的坦克伏击力量去追击敌人的部队，发动最有力的反冲锋。正要下达命令，突然他觉得苏军撤退的态势有点奇怪，完全没有步兵和炮火的掩护，而是直线地败退。等一下，不能上当。就在这时，豪塞尔隐隐约约听到了天空远处传来了阵阵轰响。他立刻明白了，苏军派来了轰炸机。"所有部队进入阵地！隐蔽，隐蔽！"

他庆幸自己没有派出坦克部队，不然就正好给苏军的轰炸机送去一盘肥肉。很快轰炸机就飞到了阵地上空，嘶叫着的飞机将一束束高爆炸弹扔在德军的阵地上。在师长的观察所里已经完全看不见近处的阵地了，因为到处都是尘埃和浓烟。士兵们缩在战壕里，每一声爆炸都让他们浑身战栗，不断传来一声声惨叫。过了一阵，很多士兵的耳朵已经被震得暂时性失聪了，听不见声音的士兵只有默念"圣母保佑"的份儿。

苏军的轰炸机终于扔掉了全部的炸弹，盘旋了几圈飞走了。一些战士刚刚从战壕里露出头来，没想到苏军又开始了地面炮火的轰击。几分钟后，炮火逐渐延伸，苏军步兵在猛烈的炮火掩护下发起了进攻。士兵们高喊着"乌拉"，成群结队地向"帝国"师阵地涌来。他们不怕牺牲，一个劲地往前冲。"帝国"师自参战以来还从未经历过如此场面，一些年轻的士兵由于失聪或是由于极度的害怕已经失去了理智，他们躲在战壕里大声哭号。正在此紧要关头，营连指挥官们挺身而出，领着一帮不怕死的老兵冲上最前沿，架起机枪、冲锋枪狂扫，一拨人被打倒，另一拨接过枪继续打，直打得枪管发热发胀。就这样，连续苏军7次强有力的冲击都被"帝国"师顶住了，苏军人马好几次已突入了阵地，又被他们用反冲击赶了出去。苏军的炮火逐渐地减弱了，冲锋也渐趋无力。豪塞尔师长看看，觉得时机到了，该是把底牌拿出来决一胜负的时刻了。他立刻命令潜伏的坦克营出击，攻击苏军坦克群的侧翼，同时阵地后方的坦克部队立刻追击退下去的苏军步兵。

苏军本来已经筋疲力尽，突然遭到强大的装甲生力军前后夹击，立刻失去了应有的队形，步兵被击溃，失去掩护的坦克一辆辆地被"帝国"师的坦克击毁，苏军突击的部队遭到了重大的损失。

然而苏军仍然在顽强地组织对耶尔尼亚突出部的反复冲击。9月份朱可夫指挥的苏军预备队方面军开始投入重大兵力攻击德军耶尔尼亚兵力。至9月4日，苏军给予德军重大打击，并对其形成深远包围，迫使其开始退却。9月6日，收复了耶尔尼亚。9月8日，苏军前进至乌斯特罗姆河与斯特丽亚那河一带，并以4个集团军的强大兵力在斯摩棱斯克附近再次转入进攻。虽然苏军最终没能收复斯摩棱斯克，没能守卫住莫斯科前面的"最后一道大门"，但是却将德军中央集团牵制在这一地区两个月，极大地延缓了德军对莫斯科的进攻速度，极大地消耗了德军装甲兵团的战斗力，也使德军的"装甲闪击"的战车第一次在苏军阵地前抛锚，这些都为打赢未来的莫斯科保卫战埋下了伏笔。

第八章

包围基辅

先攻莫斯科还是先打乌克兰？这是当"巴巴罗萨"计划还停留在纸面上的时候就已经开始了的争论，当希特勒的大军深入苏联国土后，这种争议又一次被摆到桌面上。这一次希特勒赢了他的将军们。强大的中央集团军群被迫将主力分兵南北两路，去支援北方的勒布元帅，并力图在乌克兰形成一个有史以来最大的包围圈。苏军方面的指挥员看到了局势的危险，但是放弃基辅的提议却被斯大林坚决地否定了，朱可夫因此又一次被"下放"。基辅城下的这次合围成功了……

No.1 瞄准基辅

当冯·博克元帅指挥的中央集团军群在白俄罗斯一次又一次合围苏军主力,攻城掠地的时候,伦德施泰特元帅麾下的南方集团军群也在扫荡着辽阔富饶的乌克兰大地。其主要的目标就是乌克兰首府,号称"俄罗斯诸城之母"的历史名城——基辅。19世纪初,拿破仑曾经说过:"占领基辅就等于抓住了俄国的双脚。"可见基辅具有十分重要的战略意义。基辅是仅次于莫斯科和列宁格勒(彼得堡)的苏联第3大城市,是重要的政治、科技、工业和文化中心,其周围地域还是著名的大粮仓。它位于第聂伯河与杰斯纳河交汇处,陆路、水路和航空交通四通八达,既是苏联西南地区的交通要冲,也是德国夺取顿涅茨工业区和高加索油田的必经之路。

南方集团军群以克莱斯特中将指挥的第1装甲兵团为先锋,陆军元帅冯·赖谢瑙率领的第6集团军20个师为主攻,在第4航空队负勒尔大将的空中配合下,一路攻城破阵,在7月底就已经直逼第聂伯河右岸和基辅。而与此同时,中央集团军群也攻克了斯摩棱斯克,合围苏军的强大快速兵团的右翼,也就是古德里安的装甲兵团正处在基辅的正北方。从地图上看,呈现出了一个绝妙的态势,克莱斯特与古德里安一南一北两个强大的装甲兵

▼ 1941年8月,一辆德军坦克正在向基辅驶进。

团如两颗箭头一样在基辅南北齐头并进，浩浩荡荡的步兵军团宛如两条长蛇紧随其后，如果他们沿第聂伯河右岸两路合击基辅，就要形成一个无比巨大的包围圈，不仅合围了基辅，也几乎将苏联整个西南方面军装了进去。

密切关注战争动向的希特勒当然看到了这个千载难逢的良机，如果能以中央集团军群和南方集团军群的主力在基辅形成合围，将是一次规模空前的歼灭战。如果能一举吃掉苏联兵力最雄厚的西南方面军，将可能成为对苏联的致命打击。而且他时刻没有忘记进攻苏联最想要的是什么，那就是资源。在"巴巴罗萨"计划确定的时候，他向布劳希奇元帅作了妥协，暂时不将南方的乌克兰作为战争的最主要目标。但是一切计划都要随时机而改变。希特勒坚信，现在这个时机到了，如果能歼灭苏联的整个西南方面军，为什么要让他从口边溜走呢？应该下命令让中央集团军群主力掉头南下。但是他想到这一方案恐怕会有阻力，首先陆军总司令布劳希奇这一关就不一定过得去，何况博克和古德里安他们也都是极力主张攻打莫斯科的。希特勒感到，必须用他自己的力量，亲自去说服他的前线将领，让他们转变立场，然后才能全力执行他的命令。他决定到前线走一圈。

而此时在中央集团军群，冯·博克与古德里安则看到了另一个良机，由于迅速攻克了明斯克和斯摩棱斯克，歼灭了苏联西方面军60余万人，莫斯科已经失去了门户，正是一举攻克苏联首都的好时机。如果此时分兵去支援南方以及北方的作战，宝贵的夏天和秋天就将过去，很可能失去攻占莫斯科的最佳时机。古德里安正是担心这时希特勒的注意力会向南转移，因此当7月29日，希特勒的副官希孟德上校前来授予他铁十字勋章上的橡树叶的时候，他试探了一下元首的意图，并请求希孟德上校向元首转达他的意见。

希孟德上校对古德里安说："元首心目中有3个主要目标：首先是东北面的列宁格勒。元首经常说，这个城市必须倾尽全力将其占领，以使我国在波罗的海的航运不受影响，可以保障瑞典的铁矿顺利供应，而且占领了苏联北方舰队的基地就能够俘获全部军舰，这将有利于扭转我们在大西洋上的不利局势；中央的莫斯科也一直在元首的考虑之中；现在元首最关注的还是乌克兰，因为如果不是为了得到顿涅茨工业区和基辅粮仓，他当初甚至不会这么早就发动对苏战争。但是很明显，元首的决心还没有下达，而且布劳希奇元帅也力劝元首盯住莫斯科。"

古德里安说："请您一定把我的想法，不，我的心愿，转告元首，现在就必须向俄国的心脏——莫斯科发动直接的大攻势，其他任何的行动都将是有害无益的。还有，更重要的是，您替我求求元首，不要截留新战车和补充兵的供应，装甲集团的战车状况已经很差了，没有新的战车，我们什么任务也完不成。"

8月3日，古德里安得到消息，元首已经亲临前线督战，并且收到命令在4日清晨赶到中央集团军群总司令部，亲自向元首报告情况。这是在发动对苏战争以来，古德里安第一次谒见元首，他感觉到，在目前的形势下，希特勒的这次前线督战可能会使战争进入一个转折点。古德里安决定尽力说服元首，使战争向着有利的方向转折。

第二天一早，古德里安来到了位于罗弗伊波里索夫的中央集团军群总司令部。进入会议室，元首已经在这里等待他们了。敬礼之后，元首亲切地握了他的手，并大大地表彰了他在明斯克和斯摩棱斯克取得的战功。在座的还有冯·博克元帅、霍斯将军、希特勒的副官希孟德上校和陆军总参谋部作战处处长豪辛格上校。在集体讨论之前，前线的3个人都有一个单独向希特勒汇报情况的机会。博克、霍斯和古德里安不约而同地在汇报时提出立刻向莫斯科进攻的主张。然后希特勒召开了全体会议。

会议大多数时间成了希特勒的个人演说，他在桌子周围走动，不断地用眼睛征询式地望着他的将军们，但是却没有给他们插嘴的机会，只是自顾自地发表着他的高论。

"将军们，你们都是中央集团军群的主要指挥官，我知道你们在这一个月来取得的重大胜利。但是我想和你们说说我对整个战场的看法。"希特勒挥动着手臂，"列宁格勒的工业区一直是我心目中的主要目标，勒布元帅目前的进展不够顺利，我希望今后的计划中你们能给予他足够的支援。而在莫斯科与乌克兰之间，孰先孰后，我已经了解了你们的观点，我还没有下定决心，但是一些原因使我倾向于后者。首先，你们看看。"

希特勒手臂指向巨大的军用地图，"我们获得了一个多么好的机会，由于诸位的勇猛和迅速，古德里安将军的装甲兵团已经和克莱斯特的部队对俄国的西南方面军形成两侧包夹，我们有条件给苏联人上演一次伟大的合围歼灭战，地点就在——基辅！"希特勒用手重重地点了一下地图上的基辅，"其次我们要使战争在更大的范围内顺利地进行下去，直至顺利地结束。我们离不开这里的石油和粮食；还有，克里米亚地区有苏军的轰炸机，他们威胁着我们在罗马尼亚的石油，必须予以铲除。我希望在冬季刚刚开始的时候解决乌克兰，然后转向莫斯科……"

在当天的会议上，并没有作出最后的决定，但是几天后，古德里安收到命令，要求他的装甲兵团向西南方向，也就是转回头向德国方向进军，与第2集团军合力进攻戈梅利。古德里安知道，博克元帅和自己的建议没有被希特勒采纳，他也知道布劳希奇和陆军总参谋部的人关键时候也是不敢顶撞希特勒的。博克元帅也同样失望，眼前就是企盼已久的历史性进军，却不得不把他的强大兵团分兵南北，不知这究竟是会使他坐在第一辆装甲车上进入莫斯科的梦想推延一些时间呢，还是使之彻底泡汤。

就这样，在希特勒的命令下，攻势正盛的德军中央集团军群在莫斯科城外暂停了进攻的脚步，除了少部兵力留作正面防御外，其主力部队则分两路分别投入乌克兰和列宁格勒战区；古德里安也不得不率部加入南方集团军群的行列，参加基辅会战。

当希特勒和他的将军们为究竟是直攻莫斯科还是分兵南北而争吵不休时，伦德施泰特的部队已经在乌克兰的大地上挥戈猛进了。

7月上旬，德军南方集团军群以强大的装甲兵力向第聂伯河推进，突破了苏军西南方面军的防线，并将苏军第26、第6和第12集团军分割包围。虽然苏军经过激战，将第6和第12集团军主力撤出包围圈，但是基辅以南第聂伯河下游弯曲部的苏军主力失去了掩护，基辅兵团也无力南下支援。然后德军在对基辅实行封锁的同时，转向基辅以南的乌曼地区，对苏军西南方面军主力实施了深远包围。至8月3日，第1装甲集群和第17集团军在五一城会合，完成了对乌曼地域苏军第6和第12集团军以及第18集团军一部的合围。8月8日，乌曼战役结束。德军消灭了苏军20个师，俘虏10.3万人，缴获坦克317辆、火炮858门。苏军西南方面军和南方面军结合部的局势急遽恶化。

与此同时，在基辅城外也展开了一系列激战，德军的装甲先头部队早在7月9日就突破到了基辅外围的日托米尔，只是由于步兵团没有跟上，力量不足才一直没有对基辅发动总攻。损失严重的苏军西南方面军多处主力遭到敌军合围，古德里安已经掉转矛头，而中央方面军主力随时有可能南下，对基辅形成南北夹击，那样的话，西南方面军的几乎全部主力都将被合围。

苏军西南方面军司令部里，司令员基尔波诺斯与新任参谋长图皮科夫正在听取作战部长巴格拉米扬上校的报告和建议。他提出了一个大胆的也是无奈的建议，这个办法将在最不利的情况下尽可能地保存方面军主力，并为纵深的防御做好充足的准备。

"这是个没有办法的办法，但是总比被德军歼灭强。"巴格拉米扬上校说。基尔波诺斯有些犹豫，他知道，现在的局势下提出放弃守地收缩防御肯定会触动斯大林的神经，半个月前西北方面军的司令库兹涅佐夫就是因为主张收缩防御而被斯大林撤职的。但是想到这些天来西南方面军士兵的惨重伤亡，他必须为近百万苏军士兵的生命负责。他说："我们首先说服布琼尼元帅，再请他来说服斯大林同志。"

开战后，为了加强西南方面军的指挥，德高望重的老帅布琼尼被派来指挥。谢苗·米哈依洛维奇·布琼尼是一位传奇式的骑兵英雄，他参加过日俄战争、一战和国内战争等多次大战，他3次获得"苏联英雄"称号，1935年第一批被授予苏联元帅军衔，先后荣膺8枚列宁勋章、6枚红旗勋章、1枚一级苏沃洛夫勋章和多枚外国勋章、奖章，3次荣获革命荣誉武器。他是红军第一代军事指挥员，特别在骑兵部队心目中有着至高无上的地位。

当老元帅布琼尼听到基尔波诺斯向他建议"把部队撤过第聂伯河"时，没等他说完，老元帅就跳了起来。

"什么？难道您打算放弃基辅吗？把这里让给德国鬼子？"他在这片乌克兰的土地上纵横驰骋过，流过血，负过伤，当年他亲眼目睹苏联红军为了解放基辅付出了多大的牺牲。他大声叫着："不行！无论如何也不行！我们已经撤退得够多的了，再这样撤下去，乌克兰人民不答应！"随着话音，他那两道长长的花白胡子不停地颤动。

"元帅同志，目前的局势正处在千钧一发的时刻，克莱斯特和古德里安的装甲兵团封闭圈的包围速度相当快，我们的部队损失很严重，4 个集团军中，有的师、团人员只有 1/2 或 1/3，有的干脆只留下一个番号。如果我们再有延误，后果不堪设想，我们要对几十万官兵的生命负责任……"基尔波诺斯的声音不大，但是话说得很有分量。紧接着巴格拉米扬上校讲了收缩防御的计划。老帅布琼尼皱着眉头思考了半天，终于被年轻人说服了："好吧，我来给斯大林发电报。这个时候要求撤退恐怕……你们要做好两手准备。"

但是斯大林的回答异常简单：死守基辅。大家又陷入了沉默。还是司令想出来了办法："我们为什么不给格奥尔吉·康斯坦丁诺维奇发电报呢？让他来劝说斯大林同志。"大家也立刻想到了刚刚离开西南方面军司令部，回到莫斯科领导总参谋部的朱可夫，他们相信这位老战友是一定会有办法的。

朱可夫接到了西南方面军的报告，在仔细地研究了德军动向和苏军兵力情况后，他相信，基尔波诺斯他们的结论是正确的。德军将集中主力攻击基辅，谋求在这里歼灭西南方面军和中央方面军。他决定立刻向最高统帅部报告，行动必须快，准备和实施反措施中任何一点延误或错误都有可能将方面军的主力置于危险之中。

7 月 29 日，朱可夫打电话给斯大林，请求接见。他带上一张战略形势图和一张德军部署图以及其他资料来到斯大林办公室。他向斯大林列举了各个方面军的基本损失情况，特别是谈了他对于德军行动目的的判断。

"在莫斯科方向的德军最近不可能实施大规模进攻战役，因为他们在斯摩棱斯克损失太大，缺少力量补充各个集团军，并保障中央集团军群的左右两翼。在乌克兰，战斗将可能在第涅伯罗彼得洛夫斯克-克列缅丘格地区展开，因为德军坦克集群已经到达了这一地区。我们防守最薄弱和最危险的是中央方面军，德军可能向扼守基辅的西南方面军的侧翼和背后实施突击。"

"你的建议是什么？"斯大林说。

"加强中央集团军，从西方方面军和远东地区抽调部队。同时西南方面军必须立即全部撤过第聂伯河。在中央方面军和西南方面军结合部的后面，应集中不少于 5 个加强师的预备队。"

斯大林立刻反问道："那么基辅怎么办？"

朱可夫停顿了一下，他知道，"放弃基辅"这四个字对于所有的苏联人，对于斯大林意味着什么。但是他也明白这个时候不能感情用事，作为总参谋长，他有责任建议采取在他看来是当前唯一正确的决定。于是他回答："基辅不得不放弃。"

一阵难堪的沉默。朱可夫看看斯大林没有说话，于是控制住自己的感情继续汇报：

"在西部方向，需要马上组织反突击以夺回敌方占据的叶尔尼亚突出部。这个桥头堡可能被用来进攻莫斯科。"

"哪里还有什么反突击？真是胡说八道！"斯大林爆发了，"把基辅交给敌人，亏你想得出来！"

朱可夫忍耐不住了，他也大声说道："如果您认为总参谋长只会胡说八道，那么还要他干什么！我请求解除我的总参谋长职务，并把我派到前线去。在那里我可能对祖国更有用一些。"

"请你冷静些，"斯大林说，"再说……如果你这样提出问题，我们缺了你也能行……"

朱可夫说："我作为一个军人，准备执行最高统帅部的任何决定。但是我对形势和作战方法有自己的看法，并相信这个看法是正确的。并且，我和总参谋部是怎样想的，我就怎样汇报。"

斯大林没有打断朱可夫的话，他已经平静下来了。他轻轻地对朱可夫说："您回去工作吧，我们马上研究一下，一会儿叫您来。"

朱可夫收起地图，心情沉重地离开了办公室。他知道，放弃基辅的计划看来不可能实行了。过了大概半个小时，他又被叫到斯大林那里。

"我们商量了一下，"斯大林说，"决定解除您的总参谋长职务，我们想让您担任实际工作。您有在实战条件下指挥部队的实践经验，在作战部队肯定能发挥作用。当然，您仍然是副国防人民委员和最高统帅部的成员。"

"您命令我到什么地方去？"

"您愿意到哪里工作？"

"我可以到任何地方工作，开一辆战车或指挥一个师、一个军、一个集团军、一个方面军。"

"冷静些，格奥尔吉·康斯坦丁诺维奇。您刚才说到要在叶尔尼亚组织反突击，那就请您负责这件事吧，把勒热夫－维亚济马防线上的各预备队集团军统一起来，您担任预备队方面军司令员。您什么时候可以动身？"

"一个小时以后。"朱可夫回答。

"好吧，让沙波什尼科夫接替您的工作。请注意，您仍是最高统帅部的成员。"

"我可以回去了吗？"

"再坐一会儿，我们一起喝会儿茶，我们还可以谈谈别的。"斯大林说，脸上开始出现笑容。朱可夫坐下来喝了茶，但是再也没有谈到别的。

西南方面军司令部接到最高统帅部重申的命令：坚守基辅，全体部队不许退过第聂伯河。切断德军第 1 装甲集群与步兵军团的联系，攻击装甲军团的侧翼。基尔波诺斯知道这又是一个无法完成的任务，但是既然统帅部已经决定了，他们就只有做好死守基辅的准备了，就算最终失守，也要拖上一段时间，多消耗一些德军的力量。

No.2 基辅大屠杀

1941 年 8 月底，德军中央集团军群以古德里安的第 2 装甲集群为前卫，以强大的野战军群为主力开始挥戈南下。而南方集团军群伦德施泰特元帅的先头部队也已经抵近基辅近郊，只是步兵军团被甩在了后面。当时，苏德两军在基辅一带的对阵形势是：德军已经分成两路，绕过基辅，楔入其侧后的东北和东南地带，基辅及其正东地区仍为苏军控制。这样，在这里就形成了一个明显的三角形凸出部，这个凸出部的西面顶端是基辅，上斜边是从东北流向基辅的杰斯纳河，下斜边是经基辅流向东南方向的第聂伯河下游。两河的外侧为德军控制，内侧两河之间则由苏军驻守，苏军在这里屯集着西南方面军的主力兵团，兵力达 50 ~ 60 万。希特勒敏锐地意识到：这是一个明显有利于德军的作战形势，于是精心设计了一个围歼方案，计划绕到基辅东面，在凸出部背后来一个南北对进，分别突破杰斯纳河与第聂伯河，锁住凸出部的底边，把西南方面军全部装进口袋，然后将其细细宰割，一网打尽。

希特勒将封锁底边的使命交给了他的"钢铁雄师"——古德里安第2装甲集群和克莱斯勒第1装甲集群。古德里安的任务是突破杰斯纳河，由北向南推进，与北进的第1装甲集群会师于罗姆内，形成合围。

战斗于8月24日打响，古德里安将部队分成两路，实施双层包抄，一路居左（东），实施外层迂回，由第3装甲师担任；另一路居右（西），实施内层迂回，这一路的箭头就由"帝国"装甲师充当。

8月31日，也就是"帝国"装甲师扼守叶尔尼亚突出部，在一天之内连续击退苏军7次强大冲击之后的第二天，师长豪塞尔收到命令转移至南线作战。他立刻以最快的速度将部队撤出阵地，并做好强行军准备。9月4日，"帝国"师在第3装甲师展开攻势的第10天后，按计划投入进攻。元首团是最先赶到指定位置的部队，此日凌晨3时，预定强渡杰斯纳河以北的乌别德河的时间已经到了，但是师属炮兵还没有及时赶到，元首团就在没有炮火掩护的条件下，对河岸苏军工事发起了进攻。最初一连冲击了3次，均受阻于苏军的猛烈炮火，没能奏效。党卫军上尉哈尔梅尔指挥2营紧接着发起第4次冲击，德军坦克喷出火舌，轰击着苏军的堡垒，步兵伴随坦克前进，用密集的火力压制苏军的反坦克小组，尽管坦克损失巨大，但冲击终于取得成功。哈尔梅尔一鼓作气，率部冲向河畔，强渡过河，在河南岸又继续突进，意外地攻入了一个苏军的师司令部，里面的人员还没弄明白发生了什么事就全当了俘虏。

9月6日拂晓，"帝国"师打响了强渡杰斯纳河的战斗，进攻的重点是拿下河北岸的马科斯欣城，因为河上大桥就在城里。古德里安为了加强指挥，亲自来到"帝国"师前线。苏军以两个KV重型坦克排的火力挡住了元首团的去路。炮兵难以撼动山一样坚实的KV坦克，元首团团长恺撒用无线电紧急召唤空军前来支援。可是左等右等，飞机迟迟没有露面。坐镇指挥的古德里安用望远镜看了看，对岸的苏军正在调集部队。他知道，强渡的意图已经暴露，必须一举拿下马科斯欣城和大桥，不然等对方力量加强了，或是苏军回过神儿来炸毁大桥，就再难突破天险了。古德里安命令海因兹团长带领德意志团作前卫，不等空军，立即发起进攻。战斗再次打响，摩托车营排成纵队，穿越层层弹幕急驰向前，一举突入城内。就在此时，久等不到的俯冲轰炸机却在城市上空出现，不管青红皂白地扔下一串串炸弹，市区顿时变成一片火海，摩托车营死伤惨重。党卫军中尉伦特普和党卫军少尉弗兰克顾不上照顾伤员，带上4名士兵驾着3辆摩托车穿过熊熊燃烧的街区直奔城南的杰斯纳河铁路大桥。在桥北，他们及时排除了炸桥用的炸药，然后一气冲过桥，夺取了南岸桥头堡。苏军见状大惊，调集大炮、迫击炮一同猛轰这支小小的敢死队，弗兰克等人紧紧地趴在地面上，

▲ 1941 年 7 月，在乌克兰的基辅西部，苏联第 6 军的 T-26 型坦克和步兵正在向德军进攻。

一直坚持到夜幕降临，迎来了第一批后援部队，巩固了桥头阵地。

师主力浩浩荡荡开过大桥，向南挺进。9 月 14 日，第 3 装甲师与第 1 装甲集群部队胜利会师，拉上了外层包围网。9 月 16 日，"帝国"师攻占了交通重镇——乌代河畔的普里卢基，切断了苏军后撤通道，完成了内层包抄。

在包围圈的另一侧，担任封锁底边的克莱斯特的第 1 装甲集群中有一支同"帝国"师一样地位特殊且战功卓著的部队，这就是号称"阿道夫·希特勒亲卫队"的第 1 党卫军装甲师。

第 1 党卫军装甲师的前身就是"阿道夫·希特勒护卫队"，这支部队与纳粹的冲锋队一同成立。1923 年 11 月 9 日，它随同冲锋队和其他纳粹武装党徒在慕尼黑参加了企图颠覆魏玛共和国的"啤酒馆暴动"。1940 年 8 月，该部队加强到一个旅的编制。在打完南斯拉夫和希腊战役后，该团被升级为党卫军步兵师，师长是被称为"老爹"的约瑟夫·迪特里希。在"巴巴罗萨"作战开始后，该师隶属于伦德施泰特的南方集团军群。基辅战役初期，该师和"维金"师一起，跟随第 11 军和第 17 军在乌曼合围了苏军第 6、第 12 集团军以及第 18 集团军一部，共计 23 个步兵师、山地师和坦克师，俘虏 103,000 余人，其中包括苏第 6 和第 12 集团军的司令官，缴获装甲战斗车辆 317 辆、火炮 858 门、反坦克炮和高射炮 242 门、载重汽车 5,000 余辆、铁路列车 12 列以及无数其他作战物资，苏军伤亡在 20 万人以上。乌曼会战结束后，德军离开该地，在宽大正面上向第聂伯河推进。一路未遇敌较大抵抗，于 8 月的第 3 个星期进抵基辅与克列缅楚格间的第聂伯河一线。该师在塔甘罗格作战中发现苏军残酷杀害了 6 个被俘的党卫军士兵，作为报复，迪特里希下令在今后 3 天内该师部队"不准接受任何（苏军士兵）投降"。

但是这还仅仅是该师纳粹暴行的序幕，真正的屠杀是在 9 月份攻克基辅之后开始的。

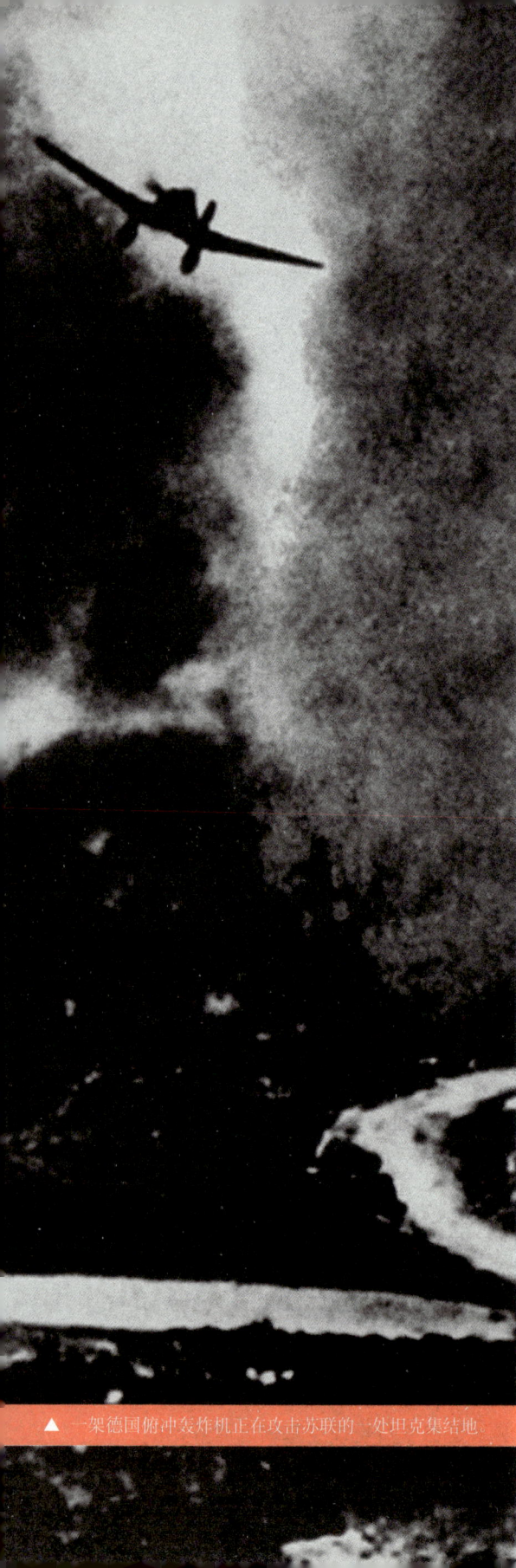
▲ 一架德国俯冲轰炸机正在攻击苏联的一处坦克集结地

9月中，第1装甲师接收了近万人的苏军俘虏，他们的任务是"合理化"地解决安置问题。士兵将俘虏带到路上，让他们一对对把衣服脱下来，然后将他们驱赶到山坳中，立刻用木材和装甲车封锁了出口，早已在山上架设好的机枪开火了，密集的苏军士兵如割下的麦子一样倒下去。一位年轻的德军下士机枪手实在不忍目睹，面对数不清的苏军士兵，他只能闭上眼睛扣下扳机。打完一条子弹带换上一条，枪管都打红了，仍然有苏军士兵的身体在晃动。

9月末的一天，基辅的犹太人接到命令说，要在第2天夜里到达指定的地点报到，最好的衣服首饰要随身携带。不分阶级、年龄、性别，统统被带到了城外的预定地点。在那党卫军借口要举行某种仪式，让他们把珠宝首饰封存起来，然后就把犹太人带走离开大路，在野外屠杀并掩埋了。这期间种种可怕的罪行，令党卫军第1师组织的行刑队的战士都感到害怕。一个参加了行刑队的党卫军军官事后说，自己只有借助酒力才能行凶，即使这样，在此后的几天里他总是噩梦缠身。

仅在9月的最后两天里，就有33,771名百姓在基辅被枪杀，1个月后，这个数字就上升到了75,000名。而这些暴行，其实都是希特勒侵略苏联计划内的一部分。早在进攻苏联3个月前，希特勒就命人制定了与"巴巴罗萨"配合进行的"东方计划"，这是一个野蛮血腥的计划，它的目的是在肉体上消灭斯拉夫民族，尤其是俄罗斯、乌克兰、白俄罗斯以及犹太等民族。希特勒指出：对东方的战争将是一场"歼灭战"。战争开始之后，希特勒又叫嚣："我们务必消灭人口——这是我们天职的一部分。应当记住，在我们占领的这个国家中，人的生命没有任何价值，我们需要发展消灭人口的技术。"

根据这个计划，在 25～30 年内，要杀戮 12,000～14,000 万，并最终"消灭苏联的生物潜能"。为了完成这一灭绝人性的计划，纳粹建立起来与武装部队并列的第 2 支部队，由一些"特别队"、"行动组"和党卫军部队组成，共有 10 个师，其中充斥着精选出来的纳粹暴徒，对苏联人民肆虐。

No.3 血色突围

由于德军大的合围圈已经形成，很多苏军部队失去了有效的补给。到 9 月中旬，基辅附近的形势急遽恶化，很多西南方面军的主力部队都被德军分割包围。

包围圈中的苏军方面军军事委员会和司令部 9 月 17 日夜间组织突出重围。军事委员会，司令部大部、政治部、各兵种勤务首长都参与了突围。部队由上亚罗夫卡村取道皮里亚京，那里有一座桥横跨乌代河。后半夜到了河边，敌航空兵轰炸了渡口，要保持队形是很费劲的。渡河后，司令部纵队通过了皮里亚京，奔向居民地切尔努哈，但在拂晓前遭到北面德军坦克的冲击，同步兵分队的联系被切断了。于是，只好改变方向，转到了沿乌代河左岸通过的乡村路，在轰炸和炮击下行驶着。德军多次企图把纵队赶下河，但他们的全部冲击都被打退了。

司令员基尔波诺斯召集司令部领导人员在一所农舍里开会。参谋长图皮科夫将军报告了情况：敌人正从四面八方围上来。德国人在乌代河南岸加强了正面朝北的防御；古德里安的坦克和摩托化部队占领了姆诺加河东岸，北面和西北面的所有大的居民点也都被敌人夺占了。大家听完这些令人不安的情报后，都默不作声。基尔波诺斯将军首先打破了沉默。

"有一点很明显：必须突围。现在要明确的是往哪个方向突围。"

有人建议晚上在戈罗季希附近强渡姆诺加河，连夜前往洛赫维察。图皮科夫将军坚决反对这一建议：

"德国人正等着我们这样做。他们肯定已在桥头设伏。我认为我们应溯流而上，在切尔努哈附近，即由此向西北走 12 公里处强渡姆诺加河。"

刚刚晋升为少将的作战部长巴格拉米扬立刻支持他：

"我们已经证实，德国鬼子不会对这条河的任何一座桥不加注意的。在切尔努哈附近突围的有利之处是能出其不意。再说，那里有一些徒涉场，因此不需夺占桥梁。"

这个建议得到了采纳。最终决定建立3个战斗群：为方面军司令部纵队扫清道路的先头战斗群和两个翼侧战斗群。波塔波夫将军负责指挥先头群。巴格拉米扬则奉命指挥内务人民委员部的一个连，任务是掩护整个纵队，防止敌人从后面袭击。

看来巴格拉米扬比大家都走运，因为他指挥的是一支真正有战斗力的队伍。他所率领的是150个小伙子——他们个个威武英俊，举止端正。少将默默巡视了队列，端详着战士的脸。大家都很疲劳，哪怕能休息一会儿也好，可是一分钟的时间也没有。巴格拉米扬讲明了任务，并且预先告诉他们，处境将是困难的。

"不过我相信，你们每一个人都不会给苏军战士丢脸的。"

当少将沉默下来后，一个头上缠着发黑的绷带的年轻战士说：

"放心吧，将军同志，我们不会叫您失望的。"

赞同的声音响彻队列上空。就在这时，部队收到情报，从梅列哈开来了一支很大的法西斯摩托车队。它强渡姆诺加河后，打退了苏军占领那几个高地的分队，眼看就要闯过来了。巴格拉米扬受命率领自己的队伍，向敌人冲击，攻占高地，抢占河上那座桥。他的任务一下子转变了，由后卫变成了第一梯队。少将不禁想起昨天法西斯分子把方面军司令部的纵队逼离在前面行进的步兵第298师部队的情景。他担心今天又发生这种事，便对基尔波诺斯说，假如他的队伍冲击成功，主力最好要离他们近一些。司令员不耐烦地挥了一下手：

"好，去吧，巴格拉米扬同志。"

巴格拉米扬发现：司令员从来没有这样疲乏和忧郁。黎明前少将指挥的部队已经突破了敌人的封锁线，但是司令部大部队却被分割在了后面。

原来方面军纵队受到敌人的强力阻击，无法与巴格拉米扬的分队汇合，纵队只得向北行进，并在沃龙基村附近强渡姆诺加河，到达了德留科夫希纳镇附近的小树林。方面军司令部纵队中一共有1,000多人，其中800名是军官。同他们在一起的有基尔波诺斯上将，方面军军事委员会委员布尔米斯坚科和军事委员会委员、师政委雷科夫、图皮科夫少将，多贝金，达尼洛夫，帕纽霍夫，第5集团军司令员波塔波夫少将，该集团军军事委员会委员、师政委尼基舍夫和军事委员会委员、旅政委卡利琴科，集团军参谋长皮萨列夫斯基少将及其他苏军的领导人物。同纵队一起行进的有6辆装甲汽车、2门反坦克炮和5挺四联装高射机枪。

小树林被一个峡谷切成了两半。车辆和人员集中在小树林边缘，战斗车辆在林缘占领了阵地。但遗憾的是，这支队伍又暴露出组织性不强的弱点。占领防御的只有第5集团军

▲ 苏军的 230 毫米榴弹炮正准备向德军阵地开火。

司令部警卫队少量部队，许多军官擅自走到镇上的农舍去洗脸，找食物和稍事休息。

而法西斯分子已经发现了夜间消失的方面军司令部。晨雾消散后，侦察兵报告：德军坦克正从东面和东北面开来。从西南面来的掉队战士说，这一方向也有敌人的摩托车和坦克在接近。

大约过了 20 分钟，敌人从三面对小树林实施冲击。坦克用加农炮和机枪射击，后面跟着冲锋枪手。在雷鸣般的炮声和机枪的嗒嗒声中，还夹杂着苏军两门火炮稀疏的射击声——炮少得可怜，而且还要珍惜每一发炮弹。敌坦克突到了树林东缘。装备手榴弹和燃烧瓶的军官们同它们进行搏斗，两辆敌坦克起火燃烧，其余的退回去了。

方面军司令员、两位军事委员会委员、图皮科夫将军和波塔波夫将军开始商量接下去怎么办：是在小树林等到晚上呢，还是马上突围。可是敌人又发起了新的攻击。乘车到达的德军步兵从行进间展开成散兵线，在坦克火力掩护下扑向小树林。当他们到达林缘时，被围苏军在基尔波诺斯、布尔米斯坚科、雷科夫、图皮科夫、波塔波夫和皮萨列夫斯基率领下，投入了反击。希特勒分子经不住这种白刃冲击，又退下去了。

基尔波诺斯将军在反击中腿部受了伤，人们把他抬到峡谷底的泉水边。被炮弹严重震伤的集团军司令员波塔波夫也被送到这里。他的参谋长皮萨列夫斯基将军已英勇牺牲了。

师政委雷科夫和图皮科夫将军同格列博夫中校一起绕过了林缘，他们同士兵们交谈，并鼓励他们。

大约在晚上 6 时 30 分，基尔波诺斯、布尔米斯坚科和图皮科夫召集指挥员讨论了突围方案，预定天黑后进行突围。就在这时，敌人开始实施猛烈的迫击炮射击。一颗迫击炮弹在司令员身旁爆炸，基尔波诺斯一声不吭地扑倒在地上。同志们朝他奔过去，将军胸部和头部都负了伤，两分钟后他就逝世了。司令员副官含着眼泪从将军的上衣取下了金星奖章和各种勋章。

夜间，图皮科夫带领他们冲击。他们突然而且不放一枪地扑向敌人。等惊慌失措的法西斯分子清醒过来时，苏军很多指战员已为自己杀开了一条血路。他们经受长时间痛苦折磨后终于回到自己人那里。他们之中有多贝金、达尼洛夫和帕纽霍夫几位将军、格列博夫中校。图皮科夫将军没能和他们一起回来——他在距舒梅伊科沃小树林2公里的奥夫季耶夫卡镇旁的对射中牺牲了。

9月21日，当一切都已沉寂，希特勒分子也已离去后，集体农庄庄员们来到战斗地点，看见了苏军指战员的遗体，他们虽已牺牲，但手里还握着武器，手枪和步枪的弹仓里一粒子弹也没剩下。如今，这里的阵亡将士公墓上耸立着一座雄伟的纪念像——这是一个强壮的、手拿冲锋枪的苏军士兵雕像。清泉旁立了一块大理石板，上写：

"1941年9月20日，西南方面军司令员 M·P·基尔波诺斯上将在此牺牲"。

1943年，基尔波诺斯和图皮科夫两位将军的遗骨移葬基辅。他们长眠在光荣陵园无名战士墓旁的雄伟方尖碑基座前，长明火在墓上熊熊燃烧，象征着为人民立下的功勋永垂不朽。

一些负了重伤的指战员落入法西斯分子手中。他们中间有方面军军事委员会委员、师级政委雷科夫。流血过多的雷科夫遭到了凶残的拷打，并被杀害。哈萨克斯坦的卡通－卡拉盖村居民虔诚地纪念自己光荣的同乡，在他上过学的学校大楼上设了一块纪念牌，大理石上雕着他的浮雕像，下面刻着题词：

西南方面军军事委员会委员、师级政委叶夫根尼·巴甫洛维奇·雷科夫曾在此学习。他是为祖国英勇牺牲的。

1906—1941年

法西斯刽子手们抓走了昏迷中的波塔波夫将军，大家都以为他牺牲了。但是，无论是外伤还是内伤，还是法西斯拷问室的可怕折磨，都没有摧垮这位年轻的集团军司令员强壮的肌体和不屈不挠的精神。战争结束时，苏军从希特勒集中营里救出了他。波塔波夫将军回到了苏军的队伍，在自己生命的最后几年（他于1965年去世）任敖德萨军区第一副司令员。

基辅战役中德军共合围歼灭了苏军60万人左右，堪称人类战争史上最大规模的合围战和歼灭战。希特勒的调兵南下歼敌可以说收到了圆满的效果。

但是，西南方面军指战员们在基辅战役中给法西斯德国侵略者造成了不可弥补的损失，拖住了敌人几个集团军的庞大兵力。该方面军长时间地威胁着已经向东深深楔入的中央集团军群南翼。正是这一情况迫使希特勒于8月下半月在基辅方向集中了自己军队的基本力量。西南方面军军人的坚韧不拔和英雄主义精神，在相当大程度上使得希特勒"闪击战"计划遭到破产。1941年9月11日，《真理报》写道："苏联爱国者在反对法西斯匪军的卫国战争中建立了无数功勋，其中以列宁格勒、基辅、敖德萨的保卫战最为出色，它是无限热爱祖国和自己城市的动人范例，是群众大无畏精神和集体英雄主义的十分令人惊叹的体现。"

　　由于基辅战役的耽搁，德军在莫斯科方向延缓了进攻脚步两个月之久，以至于当莫斯科战役开始之后不久，德军就不得不和俄罗斯冰天雪地的寒冬作战。这为德军最终失去莫斯科战役埋下了伏笔。因此许多军事史家评价基辅战役，认为其在战役上取得了圆满的胜利，在战略上却是失败了。

▼ 德军冯·博克元帅（左）在苏联境内指挥作战。

第九章

浴血列宁格勒

　　相对于南方集团军群和中央集团军群，勒布元帅在北方的进展可以说是相当不顺利。在得到了中央集团军群主力部队加强之后，希特勒严令他，限期内必须拿下列宁格勒，不然就将支援部队调走。列宁格勒开始了一场历史上最长的城市包围战。朱可夫作为一名"救火队员"被调到围困的城中，勒布遇到了难缠的对手，他的部队既没能"完整地得到列宁格勒"，也没能"把它从地球上抹掉"。当德军终于又将目光对准战争的最终目标——莫斯科时，俄罗斯严寒的冬天已经悄悄地到来了。

No.1 四面楚歌的列宁格勒

当德军中央集团军群在斯摩棱斯克鏖战，南方集团军群向基辅猛进时，勒布元帅指挥的北方集团军群也在分兵突进波罗的海沿岸，并在芬兰军队的配合下向着列宁格勒进军。

列宁格勒——十月革命之前俄国的首都圣彼得堡——无疑是世界上最美丽的城市之一。它是仅次于莫斯科的苏联第二大城市，在苏联的政治、经济、文化和交通方面起着重大的作用。它的建筑、色彩画、雕塑有很多可以称得上是艺术珍品，它的名胜古迹、美丽的公园和博物馆也都是苏联人民向往的所在。更重要的是，它是苏联无产阶级革命的摇篮、十月革命的发祥地。因此，它在苏联人的心目中占据着无法替代的重要地位。

希特勒认为迅速夺取这座城市，不论在战略意义上还是在心理意义上都是非常重要的。战略上，北方集团军群可以在这里与芬兰军队会合，可以控制涅瓦河的交通，进一步夺取苏联的波罗的海舰队，并将装甲重兵团解放出来去攻打莫斯科。心理上，夺取了列宁格勒无疑就像夺取了苏联人的第二心脏。

在7月至8月间，勒布元帅在芬兰军队的配合下，派出装甲兵团沿卢加-列宁格勒公路突进，然而却在卢加地区遭到苏军的有力阻击，第41装甲集团军被击退40公里。攻击爱沙尼亚首都塔林的第18集团军也遭到了苏军第8集团军的顽强抵抗。此后德军在拉多加湖地区围歼了部分苏军主力。但是，芬兰军队得到苏芬战争中失去的土地后，就拒绝越过拉多加湖继续向东南推进，德军只能在没有芬军策应的情况下继续突击列宁格勒。曾经一手策划绕过马其诺防线闪击法国的勒布元帅，遇到了从未有过的麻烦。

希特勒对于北方集团军群的作战情况十分不满，他亲自飞到前线督战，并且对勒布大发脾气："您曾对我保证过，战争开始的4天内，您的装甲兵团就能推进300公里。可是实际上呢？……看看别人吧，冯·博克和伦德施泰特的装甲兵团都完成了闪电般的推进，只有您还在这里纠缠不清。"

"元首，我们这里战线拉得过长，而且芬兰军队停止了进军。我的部队本来就没有他们的装甲兵团那么强大……"已经显得有些苍老的勒布掰着手指头数说他的困难。

"您是不是希望我来接替您指挥呢？"希特勒打断了勒布的话，"我不要听糟糕的战局。我给你两个集团军和一个航空队，给了你占领苏联第二首都的光荣机会，难道就是为了听你解释俄国人如何坚不可摧吗？马其诺防线没有挡住你，可为什么在苏联老百姓匆忙拼凑起来的防线前你却止步不前？你简直让我失望……"

此时，希特勒想起了在制定"21号训令"时，他就对勒布的任命很不放心，如今果然出了麻烦，但是，事情到了这个地步，唯一能做的就是尽力挽回而不是相互指责。他

▲ 刚抵达列宁格勒的朱可夫马不停蹄地赶赴现场视察

停顿了一下，语气略微缓和下来，说："我已经决定从中央集团军群里调一个装甲军和一个步兵师来加强你们的力量。但是，请记住，我向您要的是列宁格勒！如果不能完整地得到它，就把它从地球上抹掉！"说到最后一句话时，希特勒的眼睛里又充满了他那一贯的令人心悸的冷酷和狰狞。

北方集团军得到补充后，开始了新一轮的冲击。由于东翼得到中央集团军的掩护，勒布腾出了更多的兵力进攻列宁格勒。在爱沙尼亚方向，第 18 集团军肃清了纳尔瓦和塔林地区的苏军，立刻向列宁格勒方向转移兵力。第 16 集团军得到中央集群调来的第 39 装甲军的补充，经诺夫哥罗德地域对列宁格勒东南加强进攻。第 4 装甲集群在第 38 军的协同下，从纳尔瓦至卢加一线向列宁格勒西南部加速前进。列宁格勒已经是四面楚歌了。

由于新锐兵力的投入，战争开始向不利于苏军的方向转化。8 月 19 日，德军第 56 装甲军和第 10 军合围了苏军第 34、第 11 集团军 6 个师，俘虏苏军 1.8 万人。8 月 26 日，中央集团军群所属第 9 集团军在大卢基地区围歼苏军第 22 集团军一部，之后立刻北上与北方集团军群会合。在列宁格勒东南部，8 月 16 日第 16 集团军占领诺夫哥罗德，次日占领丘多沃，从而切断了列宁格勒－莫斯科铁路。8 月 20 日，德军第 41 装甲军逼近赤卫军城筑垒地域，从而切断了卢加－列宁格勒铁路和卢加－赤卫军城公路。8 月 24 日，从斯摩棱斯克地区长途赶来的第 39 装甲军陆续到达丘多沃地区，东路突击力量明显加强。于是，德军自 8 月 25 日起，沿莫斯科－列宁格勒公路向列宁格勒发动新的突击。8 月 30 日，第 39 装甲军进至姆加附近，切断了连接列宁格勒的最后一条铁路线。至 9 月 4 日，德军占领了爱沙尼亚除岛屿外的全部领土，控制了芬兰湾南部。而芬兰军队也在德国的强烈要求下从北方发起进攻，8 月 30 日占领维堡市。几天以后，德芬两国军队分别前进至列宁格勒南北不足 50 公里处，并控制了该市出海口。9 月 8 日，德军攻占施吕瑟尔堡，切断了列宁格勒最后一条陆上交通线，彻底封锁了列宁格勒，从此开始了对列宁格勒长达 900 天的围困。这是"二战"中时间最长的一次城市封锁战。列宁格勒全城的军民也从此开始了 900 天与饥饿、轰炸、战斗和死亡斗争的漫长征途。

从9月8日这一天开始，列宁格勒的局势变得极端危急。它与外界联系只能靠在空军掩护下的通过拉多加湖上空的飞行。

勒布元帅开始了对列宁格勒的疯狂轰炸，他声称"要用轰炸把这座城市从地图上抹掉"。不仅轰炸军事目标，而且对工厂、大专院校、车站、医院、中小学校、商业中心等人口密集的地方都进行野蛮的轰炸和炮击。特别是轰炸食品仓库，他们希望饥饿能瓦解全城军民的抵抗斗志。一切迹象表明，德军马上就要对列宁格勒发起大规模进攻。从希特勒到每一个德军士兵，都已经把列宁格勒当成了一个滚到球门线边上的足球，似乎轻轻一拨，就可以决定胜负了。然而苏联方面，是决不肯轻易放弃这个重要城市的。被围困的军队和市民开始了城市防御巷战的准备。

苏军西北方面军最初的指挥官库兹涅佐夫大将，由于向斯大林提出撤退收缩防御的建议，被撤职，现任的指挥官是伏罗希洛夫元帅。8月23日，由于战斗的需要，西北方面军被分为列宁格勒方面军和卡累利阿方面军，列宁格勒方面军由波波夫中将指挥。9月5日，斯大林不满意列宁格勒方面的指挥，重新任命伏罗希洛夫为司令员。但是，指挥权的频繁更动并没有扭转列宁格勒的不利局势。斯大林觉得西北方面不是缺少部队或者装备，而是缺少一员真正得力的大将。一旦列宁格勒失守，德军会迅速腾出手来对付莫斯科。形势危在旦夕，谁能力挽狂澜于既倒呢？

No.2 "救火队员"朱可夫

1941年9月9日，大将朱可夫正在指挥预备队方面军在叶尔尼亚突出部地区作战，突然接到接替他担任总参谋长的沙波什尼科夫元帅的电报，要求他在当天晚上8点以前赶回最高统帅部。电文没有说明具体的原因。朱可夫不禁暗自琢磨，离开司令部以后，总参谋长的工作虽然交给了沙波什尼科夫，但是他身体很不好，是不是斯大林还要自己回去主持工作呢。他又想到一个多月以前，关于基辅问题他和斯大林的那次争吵，由于斯大林固执己见，基辅的形势已经严重恶化了。所以，调他去西南方面军去坐镇也是很有可能的。朱可夫不禁自嘲地笑了笑，他已经被斯大林当成"救火队员"，哪里支撑不下去，就要起用他去指挥，一旦危机缓解，又会因为一些意见冲突被斯大林"下放"。

朱可夫做了必需的交代和部署之后就匆忙上路了，但是由于路程比较远，到达莫斯科的时候已经比斯大林要求的时间晚了一个小时。在黑暗中，他的座车进入克里姆林宫，立刻有将军把他带到斯大林的餐厅。朱可夫一路上惴惴不安，他知道斯大林一向对于应召迟到是很不客气的，直到走上楼他还在思考究竟应该如何解释他迟到的原因。

走进餐厅，他看到莫洛托夫、谢尔巴科夫等政治局委员都在这里。朱可夫带着歉意地说："斯大林同志，我迟到了一个小时。"

"一个小时零五分钟。"斯大林看了一眼自己的表，继续说，"请坐，如果饿的话，吃点东西。"

他并没有责问朱可夫迟到的原因，而是默默地走到墙上挂着的军用地图前，看了起来。朱可夫这才发现，地图展开的是列宁格勒那一张，他立刻将这次会见的意图猜到了八九分。

▲ 在战场的

"我们刚才研究了列宁格勒的局势，敌人占领了施吕瑟尔堡，而且在9月8日轰炸了巴达耶夫粮库，毁坏了大量食品储备。我们同列宁格勒陆上的联系完全被切断，居民的处境十分困难。芬军正从北面进攻卡累利阿地峡，得到坦克第4集群加强的德军北方集团军群正从南面向城市进攻。"

这时一位国防委员插嘴道："我们刚才报告了斯大林同志，列宁格勒方面军的首长恐怕不能扭转那里的局势。"

斯大林转过来，不满意地看了说话人一眼，可能是怪他提前对朱可夫泄露了自己的意图。然后问朱可夫："格奥尔吉·康斯坦丁诺维奇，您对莫斯科方向的形势有什么看法？"

朱可夫明白斯大林的意思，他要通盘考虑各个方面军的形势。他想了一下，说："我认为，德军首先必须大力补充自己的军队。据从中央集团军群捉来的俘虏交代，敌人的伤亡很大，有些部队损失达到50%以上。此外，德国人如果不结束列宁格勒战役，不与芬军会合，未必能在莫斯科方向上展开进攻……当然，希特勒的打算我们不可能清楚地猜到。但是不管怎样，在莫斯科方向上必须随时准备进行顽强的防御。"

接着，斯大林又询问了一些预备队方面军作战的情况，朱可夫一一作了汇报。但是斯大林突然话锋一转，直截了当地对朱可夫说：

"您到列宁格勒去，接替伏罗希洛夫指挥方面军和波罗的海舰队。"

这句话说得非常突然，但是朱可夫早已经做好了思想准备，他立刻表示，准备完成这个任务。他也考虑过这个任务的艰巨性，德军芬军两路合进，已经突破到距离列宁格勒非常近的地方，而方面军的状况却很不理想，不知道还有多少部队有机动能力。但是他心里有一个更强的信念，那就是列宁格勒无论如何不能失去。

"不过请您注意，"斯大林说，"您要飞过战线以及德军控制的拉多加湖才能到达列宁格勒。"斯大林心里清楚，这次委派一位司令员的危险性。由于已经失去了陆上联系，飞去列宁格勒的路上就可能遭到敌军强大空中力量的拦截。而在围城的环境下指挥，食品饮水都不知能否保障，一旦作战失利，司令部全体人员毫无退路，最后的选择只能是和那座城市同归于尽。朱可夫敢于接受这个任务就等于给斯大林立下了军令状，一旦完不成任务，就很可能没机会再回来见斯大林了。

斯大林拿起桌子上的便条纸，写了几行字，交给朱可夫，然后说："把这个便条交给伏罗希洛夫，接替他的指挥。而最高统帅部的任命，等您到了那里之后再下达。"

斯大林显然是怕朱可夫路上出意外，到达不了那里。但是这些个人安危显然不在朱可夫的考虑范围之内。他选择了几位得力的副手，然后最快地做好了出发准备。

第二天清晨，天空阴云密布，云层很低。然而这却是一个飞往列宁格勒的"好天气"，因为阴天情况下，德军的歼击机起飞拦截比较困难。朱可夫大将带领助手霍津中将和费久宁斯基少将登上了飞机。机长向他们报告："我们钻过云层，在敌军上空飞行，这样的天气最合适。"

从莫斯科一直到拉多加湖，一直是阴雨天气，云层很低很厚，飞机在毫无掩护的情况下飞行，却也没有碰到德国空军的拦截。但是一到拉多加湖，天气却突然好转了，飞机失去了云层的掩护，只好调来一个歼击机中队"护驾"。

在飞越湖面的时候，前方突然出现了两架"梅塞施密特"歼击机的拦截，好在飞行员果断而大胆地降低高度，超低空贴着湖面飞行，才躲过了德机的攻击。

到达列宁格勒，朱可夫一行迅速赶到方面军司令部所在地——斯莫尔尼宫。进入司令员办公室，伏罗希洛夫元帅等人正在研究当前局势，朱可夫简单地说明了来意，要求立刻参加会议。

朱可夫静静地坐着，听着司令部成员们的发言。令他失望的是，大家的发言主题都围绕着：一旦扼守不住列宁格勒，应该采取哪些措施。司令员以下的领导同志都在表达自己的看法，有人说炸毁工厂等重要设施，有人说组织突围。朱可夫压制着自己的感情，他知道自己刚刚到达，不能立刻就造成和司令部同志们情绪上的对立。

就在这时，一个个子不高、身材胖胖、长得很慈祥的领导人站起来发言了，朱可夫认识他，这是他曾共事多年的党中央委员会书记，兼方面军军事委员会委员安德列·亚历山德罗维奇·日丹诺夫同志，他是一位深受列宁格勒百姓、方面军和舰队将士敬重的卓越的组织家，一个热诚而亲切的人。朱可夫企盼地抬起了头，仔细倾听这位老同事说些什么。

"同志们，做好各种各样的准备工作，包括应付最不利情况准备工作是必要的。但是我们应该想想，是不是还有什么力量我们可以使用，是不是在我们自身上，或是我们周围，还能找到一些有力的武器来狠狠地打击来犯的敌人。要知道我们对这座伟大城市的百姓负有责任，同时我们也对党负有责任，在还没有失去最后一点力量的情况下，我们决不能退出这座城市。我相信斯大林同志委派朱可夫同志来这里，就是要带领我们找到这样的一些力量和武器的，而不是来组织我们如何完美地撤退的……"

日丹诺夫的眼睛里闪烁着光芒，他的话语有力地震撼着每一个司令部成员的心。是的，在德军强大攻势连续打击下的军事指挥员，现在最缺乏的就是与敌战斗到底的决心和必胜的信心，而日丹诺夫的话敲醒了他们。之后，发言的话题开始转变，大家纷纷开始讨论如何调动部队布防，如何组织民众构筑工事，如何武装民兵充实力量以及如何解决粮食供应问题等等。最终讨论的结果是，大家达成了共识，要流尽最后一滴血，誓死保卫列宁格勒。

会议一结束，日丹诺夫立刻走过来紧紧地拥抱了朱可夫："格奥尔吉·康斯坦丁诺维奇，您来得太及时了，这里太需要您的指挥了。"

一直一言不发的朱可夫，此刻也非常激动地握住了日丹诺夫的手："有您在这里帮助我，我也放心多了。"

朱可夫立刻接替了伏罗希洛夫的指挥，然后和霍津与费久宁斯基一起仔细地研究了当前的局势。一个小时之后他立刻叫来全体军事委员会成员，没有一句开场白，就请方面军参谋长戈洛杰茨基上将报告最新情况。

戈洛杰茨基上将几天前才刚刚接任列宁格勒方面军参谋长一职，实际上对所有的情况也只能说是刚刚了解，没有办法作出应有的分析。他的语速很慢，显得很紧张，不时用手帕擦着额头上的汗水，每说几句话都要抬头看看朱可夫大将。

他报告说：在北方，芬兰军队已经突入并切断了卡累利阿地峡，已构成对列宁格勒的直接威胁；在南面第42集团军和第55集团军经过几天的苦战，顶不住敌军的进攻，已撤退到距离列宁格勒只有几公里的普尔科沃高地一线；在西面，整个波罗的海沿岸已被敌占领；城内，不断遭到德军航空队的轰炸，现在德军的远程炮火已经能覆盖全市了。

朱可夫盯住地图，听着戈洛杰茨基的报告。然后，他指着地图对大家说："应当注意到，敌人在进攻中已经处于被动。"此话一出口，引起了在座很多人的惊讶。朱可夫分析道："勒布的部队在宽大的正面上分为3个集团，其主要兵力从南面指向列宁格勒城。显然，他将这里作为他突入列宁格勒的主要方向。然而由于郊区建筑物密集并有大量森林，敌人的坦克兵团只能沿道路进攻。我们可以利用这一情况，用炮兵和步兵迫击炮严密封锁所有道路，以航空兵的轰炸破坏道路，用工程障碍物加强防御。"朱可夫此言一出，几位参谋立刻表示赞同。他接着又说：

"德军的指挥官勒布元帅是一位过于求稳的统帅。经验表明，他在进攻作战中对我们防御中表现出来的每一种主动性都非常敏感。反突击和反冲击都会迫使他减缓进攻速度。

▲ 德军士兵在进攻途中停下来，向一处可能隐藏有狙击手的地点射击。

他往往不是最大限度地将突击力量放在主要进攻方向上，而是常常分散兵力用于各种应付措施。这就为我们组织积极的反机动措施赢得了必要的时间。"

日丹诺夫听到这里频频点头，他感到眼前的这位朱可夫经过战火的锤炼，比几年前的那个格奥尔吉又成熟多了。

"也就是说，我们防御的成效，取决于在主要地段上行动的积极性。因此必须充实普尔科沃第 42 集团军的兵力，从第 23 集团军中抽调一部划归第 42 集团军指挥，然后配合第 8 集团军对敌人南方集团的侧翼和后方实施突击。"

说到这里，会议室里有些哗然，几个指挥官开始低声讨论。参谋长戈洛杰茨基有些犹豫，试探着说道："可是，司令员同志，第 23 集团军防守的卡累利阿地峡的压力也很大，这样一来，就会削弱那个方向的防守力量。"

朱可夫厉声说道："作为军事参谋，您应该知道，每一次调动部队都是削弱一个地段，加强另一个地段。我们没有足够的兵力处处设防，只有积极防御才能瓦解敌人的攻势。"

戈洛杰茨基还想说什么，朱可夫打断了他："我没有时间给您上军事指挥课，请记录命令：第 8 集团军坚守奥拉宁包姆登陆场，配合第 42 集团军攻击敌人侧翼，以吸引进攻列宁格勒之敌的部分兵力。第 54 集团军对位于施吕瑟尔堡－姆加狭窄走廊的德军兵团实施突击，以保障方面军的前进道路，并且将德军部分兵力从普尔科沃地区引开……"

朱可夫看到戈洛杰茨基还在迟疑地看着周围，像是在寻找别人的支持，于是大声命令："还等什么！快去执行吧。"

当参谋长转身刚要走时，他又说："等等，下达命令后，你把工作向霍津中将交代一下，我将任命霍津中将担任参谋长一职。"朱可夫看了看周围，继续说，"还有，费久宁少将任方面军副司令员，现在他正在普尔科沃高地了解情况，必要的话他将接替伊万诺夫将军指挥第 42 集团军。……有什么意见吗？"说着环视了一下众人，然后站了起来，"就这样，大家去执行。"

朱可夫到达列宁格勒后的短短几天，夜以继日地工作。他果断坚决的态度和沉着冷静的作风感染了司令部的其他同事，大家都开始充满信心地忙碌地工作起来。几天后，在原有的基础上，列宁格勒附近形成了一条新的防线。这道防线北起芬兰湾斯特列尔纳附近，经西南的乌里茨克，正南的普尔科沃，东南的科尔皮诺，然后沿涅瓦河到拉多加湖西岸的什利谢尔堡。

与此同时，德军方面的勒布元帅却是心乱如麻，希特勒命令他拿下列宁格勒并调动部队支援中央集团军群。命令的最后期限只剩一周了，但是由于对列宁格勒的包围，德军的战线越拉越长，从卢加以东的芬兰湾到拉多加湖，再到诺夫其罗德，战线长达 400 多公里，而能够直接用于攻占列宁格勒的部队，只剩下 10 ~ 12 个师，并且这些部队损失已经十分严重。勒布知道对手已经换成了朱可夫，这位曾在叶尔尼亚让冯·博克吃过苦头的苏军大将。经过一周的鏖战，勒布领教了对手的厉害。俄军几乎是不顾一切地拼死抵抗，而且相互间的策应明显加强了。乌里茨克得而复失，在普尔科沃和科尔皮诺的进攻也没有进展。实际上，他在主攻方向上的部队没能推进一公里，只是增加了损失，消耗了给养。希特勒几乎是一天一通电话督战，令他每时每刻都如坐针毡。

偏偏这个时候，一向与他有些不睦的陆军参谋长哈尔德在后方看起了他的笑话。他给勒布寄来一张外国的新闻报道，上面说："冯·勒布元帅接到希特勒的命令：迅速占领列宁格勒，不惜任何代价。毫无疑问，他正在坚定地执行这条命令的下面一半，付出可怕的代价，但俄国人仍旧坚决地表明这位元帅无力执行命令的上面一半……"

勒布元帅气得简直难以自控，他真恨透了这帮耍笔杆子的，有本事来前线试试看，难道苏联人就都是麦田里的稻草人等着你去射击吗？可是转念一想，目前的局势确实一天天的在逆转，如果等希特勒失去信心，命令他调动部队支援莫斯科方向，就再也别指望攻克列宁格勒了。必须立刻采取有效措施。

勒布决定采取一次冒险行动，他想在普尔科沃方向实施一次佯攻，这里是苏军重兵防守的地方。然后出其不意地在烟幕掩护下向西北方向实施迂回，绕过普尔科沃，从芬斯克－科伊罗沃猛攻通向列宁格勒的公路，再沿路一举攻入城内。成败在此一举。

"朱可夫也许以为我不敢大胆进攻，可惜他失算了，我们要在冬宫广场上阅兵。"勒布的脸上挤出一丝僵硬的笑容。

9月17日上午，经过一个小时的炮火准备和航空兵准备，德军以排山倒海之势涌向普尔科沃高地前沿的苏军阵地，先头的坦克部队喷出条条火蛇，几乎整个苏军阵地都在燃烧。

一次次坦克集群的冲击被压住了，一排排的德军步兵被消灭在阵地前沿，但是德军士兵在勒布的严厉督战下，也摆出了有死无退的架势，他们咆哮着迎着子弹和刺刀层层推进。

在德军强大的炮火和空军打击下，坚守普尔科沃高地的第50集团军和第42集团军损失巨大，前沿阵地许多部队已经完全拼光了，多数防御工事都已被炸平。部队指挥官不断致电总司令部，要求补充援军，增加力量。朱可夫看到德军这种态势，听到耳边一片要求增援的声音，他的心里也在思考，德军是不是孤注一掷地在这里强攻了呢？但是多年经验告诉他，越是猛烈地进攻，越可能是迷惑行动。不能调动预备队，必须保持高度警惕据守其他要点。

中午，攻击普尔科沃高地的德军终于退了下去，德军阵地前腾起一道黄色的浓厚烟雾，接着就是苏军的炮火和苏军战士在一片"乌拉"声中的反突击。

勒布的4个步兵师、13个坦克师和1个摩托化步兵师组成的迂回兵团，绕过正面区域，在乌里茨克发起了突击。但先头部队刚刚接近苏军的防卫圈，立刻遭到了密集炮火的轰击，坦克部队反复冲击都被反坦克火力击垮。勒布亲命组织剩余的最强的坦克部队，直接冲击公路。苏军连续的几个反坦克步兵和炮兵阵地被突破，眼看整个阵地危在旦夕。突然天空中闪过一道道强烈刺眼的白光，紧接着是震耳欲聋的声响，德军士兵不知道发生了什么，都呆住了。还没等明白过来，密集的炮弹就落在了坦克集群的头上，一辆辆坦克和装甲车被掀翻或炸毁，毫无防御的步兵更是死伤惨重。德军不知道这是什么武器，竟然能让大量的炮弹在一瞬间铺天盖地地席卷过来。其实这就是苏军早就给德国装甲部队准备好的秘密武器——"喀秋莎"火箭炮。

勒布发现迎击迂回兵团的苏军并非毫无准备，而是准备充分且力量雄厚，第42集团军一部和第8集团军在这里死守，经过苦战，乌里茨克附近的居民点几经易手，但最后仍然被苏军牢牢控制住了。

迂回不成，勒布又调集了6个师向普希金、斯卢茨克和科尔皮诺方向展开强攻，苏军第55集团军死守不放。本来德军已经取得了一定的优势，但预定调动部队的时间已经到了，希特勒毫不留情地调走了第39集团军，勒布最后的努力也付之东流。

从此以后，德军在列宁格勒战场就失去了主动权，只能坚守阵地，进行着艰苦的拉锯战。

No.3 转战莫斯科

1941 年 9 月末，当德军列宁格勒方向上的进攻已陷入绝境时，希特勒终于忍受不了勒布软弱无力的攻势。他决定不再去管列宁格勒，而是重新将目标对准苏联的心脏——莫斯科。冯·博克终于又成为了决定战争命运的关键人物。他等待这一天已经很久了。一经得到希特勒的批准，他立刻策划了又一次大规模的围歼行动。

10 月 1 日的后半夜，瑟瑟的秋风吹过俄罗斯的片片树林，满天的星斗垂在远处的平原上，辽阔的大地显得格外寂静。但树林中却是另一番景象，德军的坦克部队和摩托化步兵已经整装待发，他们的目标是毫无准备的苏军西方面军侧翼的集团军。拂晓，炮声开始轰鸣，火光映红了西半边天空，苏军西方面军前沿和两翼阵地突然遭到了强大炮兵火力和航空兵火力的突袭。这对于已经一个月左右没有大规模行动的部队来说，无疑是一场灾难。

紧接着，德军第 4、第 9 集团军，坦克第 3、第 4 集群共调集了 12 个满员师的兵力全部压向苏军第 19 集团军右翼的两个师和第 30 集团军的两个师身上。很快就在 45 公里宽的地段打开了一个缺口。德军的快速兵团沿着突破口迅速向东北方向突进，他们的目标是维亚济马。

10 月 5 日，德军各坦克集团迅速前进，于 10 月 7 日在维亚济马附近会合，切断了苏军 4 个集团军（第 19、第 20、第 24 和第 32 集团军）的退路。至 13 日，苏军维亚济马集团大部被歼，一部突围，卡卢加失守。

而在南路，德军第 2 集团军和坦克第 2 集群的部队同样打破了防线，向布良斯克方向突进，他们的目标是布良斯克方面军的主力。

很快，古德里安的装甲集群突破了苏军第 13、第 50 集团军的薄弱防御，开始从南北两面迂回包围布良斯克方面军，并突击其基本兵力后方。14 日，德军将苏军布良斯克方面军所属第 50、第 3、第 13 集团军合围在布良斯克南北地区。德军统帅部为消灭被合围的苏军，动用了坦克第 2 集团军 5 个军中的 4 个军。陷入战役合围的苏军布良斯克方面军各集团军，除部分在 10 月 23 日前突围后退到了别廖夫、姆岑斯克、波内里、法捷日、利戈夫一线外，其余大部被歼。

由于寡不敌众和准备不足、指挥不利，苏军在半个月内又被德军在维亚济马－布良斯克地域合围歼灭了 67 万人左右。莫斯科方向的防守严重告急。

希特勒得到前线大捷的消息兴奋异常，终于为在列宁格勒的失利出了一口气。"还是博克能够最好地贯彻我的意图。"他心中暗想。希特勒看了看地图，经过这个决定性的胜利，不论从战略上，还是实际距离上，莫斯科都可以说是近在手边了。他认为发表一次公开演说的时机已经到了，于是在 10 月 3 日，他来到柏林体育场，在体育场的讲台上，他向上万观众宣告了自己的胜利：

"在几个钟头以内，在我们的东方战场上又在发生巨大的事件。一个大规模的新战役已经进行了 48 小时。这一战役将消灭东方的敌人。"

台下的欢呼声一浪高过一浪。人们疯狂地叫着："嘿，希特勒！嘿，希特勒！"

他又继续说："今天我宣布，我毫无保留地宣布，东方的敌人已经被打垮，再也不能站起来了！"他转过头，眺望似的看着远方，挥起他的手臂，接着说："在我们部队的后边，已经有了相当于我在 1933 年执政时德意志国家幅员两倍的土地！……"

在希特勒的头脑中，东方战役大局已定了，他骄傲地给博克下达命令：不准接受莫斯科的投降，即使是主动投降也不接受，势必要用炮火和轰炸将莫斯科夷为平地。

但是只有在前线的将士才知道，每一天的战斗，甚至行军，是多么艰难；只有前线的高级指挥官才清楚，还有多少可以预料到的与尚未预料到的困难在等着他们。苏军并没有被击垮，相反是更加坚强地站了起来。何况德军的面前除了钢铁一样的苏军士兵之外，还渐渐多了一个敌人，那就是即将到来的冬天的严寒。

古德里安秘密地向冯·博克呈送了一份报告：根据他战前多年研究坦克和装甲车辆的情况，他认为温度降到零下 15 度左右，目前的水箱防冻液将会失灵，而到零下 20 度左右电池液也会冻结，紧接着是弹药失效，各种橡胶零件会被冻坏。最要命的是，坦克内没有暖气设备，士兵坐在冰冷的铁壳子里面会被冻僵。古德里安提醒博克元帅，到那时不仅部队作战无法保证，连燃料和生活给养的补给都会成问题。

冯·博克不是没有想过这些问题，如果能提前两个月开始对莫斯科的进攻，就一定能在冬天之前结束战役。但是现在时间已经很短了，他只能尽量以最猛烈的突进迅速打垮苏军的防线，剩下的时间已经不允许作战上出现任何纰漏了。再就是祈祷老天爷，不要让寒冷来得太快。

10 月 7 日夜里，漆黑的天空突然开始飘落雪花，开始还是细碎的冰凌，慢慢地已经变成了纷纷的雪片。这是 1941 年冬天俄国的第一场雪，没想到就下得这么大。

斯摩棱斯克的司令部里，冯·博克元帅一觉醒来就感觉到刺骨的凉意。走出房间一看，外面已经是一个银装素裹的世界。熟悉的景物已经完全变了样子：高高的房顶披上了白色的外衣，树上挂满了晶莹的树挂。院子里，汽车司机在艰难地发动元帅的座车，穿着短大衣的卫兵不断地向手上呵气。博克轻轻叹了一口气，他知道，对于中央集团军群和他自己来说，最困难的日子正在一天一天地临近。

图书在版编目（CIP）数据

突袭苏联 / 二战经典战役编委会编译 . -- 北京 ：
中国铁道出版社，2015.7（2022.1 重印）
（时刻关注）
ISBN 978-7-113-20462-4

Ⅰ . ①突… Ⅱ . ①二… Ⅲ . ①德国对苏联突然袭击（1941）
一通俗读物 Ⅳ . ① E512.9-49

中国版本图书馆 CIP 数据核字（2015）第 117827 号

书　　名	**突袭苏联**
作　　者	**二战经典战役编委会**

责任编辑	田　军	**电　话**：（010）51873005
编辑助理	郝玉敏	
装帧设计	艺海晴空	
责任印制	郭向伟	

出版发行	中国铁道出版社有限公司（北京市西城区右安门西街 8 号　邮编 100054）
印　　刷	永清县晔盛亚胶印有限公司
版　　次	2015 年 7 月第 1 版　　2022 年 1 月第 3 次印刷
开　　本	787mm×1092mm　　1/16　印张：10　字数：250 千
书　　号	ISBN 978-7-113-20462-4
定　　价	39.80 元